KB241205

나는 여성보다 여자가 좋다

우리말에 나타난 성 차별 구조를 넘어서

나는 여성보다 여자가 좋다

강주헌 지음

황소걸음
Slow & Steady

| 우리말에 나타난 성 차별 구조를 넘어서

나는 여성보다 여자가 좋다

펴낸날   2003년 2월 10일 초판
지은이   강주헌
꾸민이   Moon&Park(dacida@hanmail.net)
만들어 펴낸이   정우진 최상남 이은숙
펴낸곳   121-856 서울 마포구 신수동 448-6 한국출판협동조합 도서출판 광개토
영업부   (02) 706-8116 팩스 | (02) 717-7725
편집부   (02) 3272-8863
이메일   bullsbook@hanmail.net / kingkgt@hanmail.net
등 록   제22-243호(2000년 9월 18일)

황소걸음
Slow&Steady

ⓒ 강주헌 2003

ISBN 89-89370-27-2 03330

정성을 다해 만든 책입니다. 읽고 주위에 권해주시길…
잘못된 책은 바꿔드립니다. 값은 뒤표지에 있습니다.

女子

선입견을 버리고…

　1995년 필자는 『계집팔자 상팔자? 우리말에 나타난 성 차별 구조』라는 책에서 우리가 평소 쓰는 낱말을 기준으로 하여 남자와 여자의 차별상을 살펴보았다. 그 책에서 필자는 기존 여성학계의 기본 방향이던 경제적이고 제도적인 차원에서의 여성 문제 해결보다는 의식의 차원에서 여성 문제를 접근해보려는 시도가 필요하다고 말했다. 그런 접근을 위한 한 방향으로 우리의 의식을 가장 충실하게 반영한다고 믿어지는 우리말, 즉 우리가 일상에서 여자와 남자를 칭하는 낱말이 지닌 원래의 뜻을 찾아보았다. 그리고 그 뜻에서 남자에 비하여 처절하게 차별받은 여자의 모습을 적나라하게 파헤쳐보았다. 원인을 찾았으니 문제 해결은 코앞에 있는 것처럼 생각되기도 했다. 그러나 문제 해결은 결코 간단하지 않았다. 여자가 처한 차별적 상황을 밝혀보았지만, 그 문제가 바로 우리 의식의 집합체이며 역사 자체에 담겨 있는 것이기에 여성의 차별을 의식 차원에서 해결하기란 불가능한 것으로 결론 내릴 지경에 이르렀다. 언어의 속성상, 어떤 낱말에 담긴 뜻이 불쾌하다고 그 낱말을 사용하지 말자는 국민 운동을 벌일 수는 없는 노릇이기 때문이다.

그러나 다시 한번 모든 낱말들을 꼼꼼히 살피고, 그 의미론적 관련성을 분석하며 필자가 여성학계에서 주장하는 여성의 차별상을 정당화시키려 했던, 달리 말해서 차별받는 여성의 모습을 언어를 통해서 증명해보려는 시각에 충실하려 했던 모습을 발견하지 않을 수 없었다. 바로 그 부분에 반성할 점이 있었다. 여자와 남자를 지칭하는 낱말의 해석에서 여자에 대한 선입견을 완전히 배제하지 못한 채 그 문제에 접근했다는 점이다. 앞에서 말했듯이, 여성학계에서 주장하는 남녀의 차별상을 증명하려는 입장에서 낱말의 해석이 출발했다는 것이다.

따라서 완전히 시각을 달리한 접근이 필요했다. 그 접근은 역사를 살피고, 여자를 뜻하는 낱말을 아무런 편견 없이 객관적으로 해석하려는 노력이었다. 물론 객관성이란 시각에 문제가 제기될 수 있다. 그 때문에 객관성이란 구실을 위해서 언제나 논리적이어야 한다는 조건이 덧붙어야 했다. 필자는 여성학계에서 말하는 여성의 차별상이라는 편견을 버렸다. 그저 여자를 칭하는 낱말을 우리가 일반적으로 받아들이는 선에서 해석해보려 했다.

그러나 여자가 직면하고 있는 문제를 해결하기 위해서는 언어에서 비쳐지는 여자의 모습을 살펴야 한다는 데는 조금의 의심도 없었다. 왜냐하면 일상에서 사용하는 낱말이 우리가 생각하는 여자의 모습을 내포하고 있을 것이라는 신념 때문이다. 또한 당면의 문제를 '어떻게' 해결할 것인가를 고민하기 이전에, '왜' 그런 문제가 생겼는가를 곰곰이 따져보는 것이 문제의 해결을 위한 기본 방향이라 생각하기 때문이다. 물론 여성학계도 현재의 여성 문제가 가부장제라는 오랜 악습에서 비롯된 것이라 주장하며 '왜'라는 문제를 이미 해결했다고 생각한다. 그러나 그런 자세는 현상적 해결일 뿐이다. 쉽게 생각해서 가부장이란 관습이 언제부터 우리 문화에 자리잡았는가 하는 점을 해결하지 않았다. 역사에서 배웠듯이, 고려 말과 조선 초에도 딸은 당당히 유산을 상속받을 수 있는 존재였고, 호주의 역할도 감당할 수 있었다. 결국 가부장이란 제도는 조선시대에서야 하나의 제도로서 자리잡는다. 그리고 지금의 여성권이 생각하는 여성에 대한 차별은 그때부터 시작되었다.

그러나 우리말은 조선시대 전에도 있었다. 비록 기록을 위한 문자는 그때 탄생되었지만, 우리 의식을 그대로 담고 있던 말은 그 이전에도 분명히 있었다. 그 말소리가 한글이란 이름의 문자로 탄생된 것뿐이다. 조선 이전에는 가부장제도가 없었고, 남녀 모두가 서로의 역할에 충실한 세상을 살았다고 가정하면, 우리는 언어를 통해 옛 어른들이 남자와 여자는 어떠해야 한다고 생각했는지 추측해 볼 수 있다. 물론 가부장이란 관습이 조선시대에 이르러 제도화되었을 뿐, 그 이전부터 존재했다고 반론할 수도 있을 것이다. 그럼 곧장 이런 의문이 생긴다. 왜 아주 먼 옛날부터 가부장이란 관습에 따라서 살아야 했을까라는 문제다. 가부장이란 관습도 결국 여자와 남자에게 일정한 역할을 맡기고 있다는 사실에는 이론의 여지가 없다. 과연 그 역할은 무엇이었을까? 만약 그 역할 분담의 흔적이 우리의 일상적 낱말에 남아 있다면 지금 우리가 생각하는 것처럼 여자를 차별했을까? 이런 식의 접근에서 얻은 결론은 여자는 우리가 생각하듯 차별받는 존재가 아니었다는 사실이다. 오히려 모든 것을 물질적 관점에서 크고 작음을 판별함으로써, 여자의 일은 남자의 일에 비해 왜소하다는 편견을 만들었다는 결론에 이르렀다. 하지만 여자를 칭하는 낱말의 본뜻을 상식의 수준에서 분석해본 결과 여자의 일은 결코 물리적이고 무가치한 것이 아니었다. 너무도 숭고한 역할에 현대의 물본주의적 시각이 덧붙여짐으로써 여자는 차별받는 존재로 전락되고 말았다. 다시 말해서 여성계 스스로가 여자를 차별받는 존재라고 생각하게 만들었다는 것이다. 이처럼 낱말의 분석에서 여자는 남자와 역할이 다를 뿐, 그 역할이 남자의 그것에 결코 뒤지지 않는다는 것이 밝혀질 때, '여자는 왜 남자에 비해서 차별받는가' 라는 근본적인 문제마저 사라지고 만다. 그래도 여자는 차별받는다고 생각한다면, 여자의 역할에 옛 어른들이 우리에게 가르쳐준 원래의 숭고한 의미를 덧붙일 때 그 문제는 해결의 실마리를 찾을 수 있다. 이제 일반적 상황에서의 접근을 시작해보자.

절대와 상대

평등을 외치는 시대! 우리나라 헌법에서도 단지 여자라는 이유로 남자에 비해 차별받지 않도록 규정하고 있다. 절대적으로 옳은 주장이 아닐 수 없다. 그러나 곧장 이런 의문이 생긴다. 누구나 평등한 위치에 있어야 한다면, 왜 인간은 남자와 여자로 구분되어 있을까? 단지 인간만이 아니라 동물, 심지어는 식물마저도 암수의 구분이 있는 이유는 무엇일까? 그것은 기본적으로 종족 번성을 위함이라고 인류학자와 생물학자는 설명한다. 그러나 종족 번성을 위한 것뿐이라면, 적어도 남녀의 구분에서 인간과 다른 생명체들 사이에는 아무런 차이가 없다. 인간은 보다 나은 공동체를 만들어가기 위해서 남녀가 지닌 차이에 따라 자연 환경이 그들에게 요구하는 역할을 구분지었을 것이다. 그렇다면 어떤 근거에 의해서 그 역할이 구분되었을까? 그리고 5천 년 이상의 시간이 지난 지금 그때의 역할 분담을 어떻게 추측해볼 수 있을까? 필자는 그런 역할 분담의 흔적을 우리가 일상에서 사용하는 낱말에서 찾는 것이 가장 타당한 방법이라 생각하여, 그 흔적을 추적해나갈 것이다.

　이 책의 기본적인 방향은 과거부터 지금까지 남자와 여자에 대해서 굴레지웠던 관념들의 의미를 언어라는 시각에서 고찰하면서, 여자는 남자에 비해서 절대적 차별을 받는 존재가 아니었고, 지금도 아님을 밝혀보려는 것이다. 오히려 언어에 바탕을 두고 문제에 접근함으로써 여자에게 부여되는 모든 낱말들이 결코 그들을 무능하고 수동적인 사람으로 취급했던 것이 아님을 보여주려 한다. 이렇게 함으로써 필자가 언급했던 책, 『계집팔자 상팔자?』에서 봉착했던 문제를 근본적으로 해결할 수 있다. 또한 '여성은 왜 차별받는가' 라는 문제 자체를 무의미하게 만든다. 오히려 지금 많은 여자들이 남자에 비해 차별받고 있다고 생각하는 것은 본래 여자에게 부여된 역할이 지나치게 무가치하고 비생산적인 것이라 생각하도록 만든 사회적 분위기에 있음을 보여주려 한다.

　물론 상대적인 관점에서 보면 여자는 남자는 비해서 차별받고 있음을 부인할 수 없다. 그러나 상대적이란 개념에서는 기준이 필요하다. 지금까지 우리는 그 기준을 남자와 여자가 지닌 차이를 주변적인 변수로만 인정하려는 듯한 경향이 없지 않았다. 주어진 하나의 사건이나 행위에 대해서 남자와 여자를 동일한 차원에서 비교하려 한다. 그러나 그 시각을 바꿔보면 모든 것이 달라진다. 예를 들어, 중·고교 시절에 데생을 배우던 미술 시간을 생각해보자. 아그리파 혹은 줄리앙이란 석고상을 앞에 두고, 우리는 데생을 완성할 때까지 자리를 바꾸지 말아야 했다. 햇살에 의한 그림자 묘사 때문이었다. 그 의미를 생각해보면, 시각을 바꾸면 모든 것이 달리 보인다는 사실을 실감할 수 있을 것이다.

　여자와 남자는 다르다. 생물학적으로 다르다. 따라서 자연과 더불어 살아야 하는 사회적으로도 달라야 한다. 사회적으로 다르다는 것은 남자와 여자에게 주어진 역할이 기본적으로 다르다는 뜻이다. 물론 다르다는 것이 반드시 차별을 전제로 한 것은 아니지만, 대부분의 사람들은 그렇게 인식한다. 차별이 아니라 차이일 뿐이다. 그러나 차이에서 차별이 잉태될 수도 있다는 것이 현대의 여자들이 평등을 부르짖는 근본 원인이다. 다른 모든 기준을 제쳐두고 단지 남자와 여자라는 차이에서 불건전한 차별이 행해지고 있다고 불평한다. 사실이 그렇기 때문에 그런 불평은 당연한 것으로 여겨진다. 그러나 우리가 깨달아야 할 것은 겉으로 드러난 차별상이 아니다.

보다 본질적인 관점에서 남자는 무엇이고, 여자는 무엇인지를 깨달아야 한다. 사회적 현상으로 드러나는 남녀차별을 해소하는 것도 간과할 수 없지만, 우리가 지금까지 이해하고 있는 남자와 여자의 모습을 본질적인 차원에서 다시 들여다보는 작업이 필요하다. 우리의 의식 속에 숨겨진 남자와 여자에 대한 선입견을 지금과 같이 피상적으로 판단하는 조급함을 버려야 한다.

집과 가정

한 가지 예를 들어보기로 한다. 남자와 여자에게 주어진 역할은 근본적으로 다르다는 주장은 오랜 역사를 가진 우리의 가부장적 전통에만 뿌리를 둔 것이기 때문에 정보화시대를 맞이한 우리가 세계와 어깨를 나란히 하기 위해서는 하루빨리 벗어나야 할 악습이라고 말한다. 그러나 서구 사회의 뿌리라고도 할 수 있는 영국에서조차도 남자와 여자는 맡은 역할을 따로 하고 있음을 보여주는 속담이 하나 있다. '남자는 집을 만들고, 여자는 가정을 만든다' 는 속담이 그것이다.

이 속담은 남자와 여자, 좁게 말해서는 남편과 아내가 가정과 집을 꾸려가기 위해 기본적으로 맡아야 할 역할이 따로 있음을 너무도 적절히 표현하고 있다. '가정' 과 '집' 이라는 두 낱말은 절대 같은 뜻이 아니다. 우리는 가정이란 낱말과 집이란 낱말을 분명히 구분해서 쓴다.

쉽게 설명해보자. 집은 물리적 존재, 즉 벽돌과 콘크리트로 이루어진 유형적 존재다. 이런 물리적 돌덩어리를 만들기 위해서는 힘이 필요하다. 그러나 가정은 그런 돌덩어리가 사랑과 이해가 뒤섞인 공간으로 변한 것이다. 이처럼 사랑과 이해의 공간을 만들기 위해서는 힘이 필요한 것이 아니다. 따뜻한 인간의 손길이 필요하다. 이 정도면 왜 남자는 집을 만드는 존재고, 여자는 가정을 만들어가는 존재인지 이해할 수 있을 것이다. 그리고 남자의 역할은 무엇이어야 하고, 여자의 역할은 무엇인지 짐작할 수 있을 것이다. 또한 여기에서 집을 만드는 활동은 생산적이고 가치 있는 것이며, 집을 가정으로 만드는 것은 무가치하고 비생산적인 활동이라 말할 사람은 아무도 없다. 또한 유형적인 집을 만드는 것은 적극적 성향을 반영하며, 무형의 가정을 꾸리는 것은 소극적 성향을 반영한다는 주장이야말로 견강부회적 짜맞추기가 아닐 수 없다.

우리말에서도 이와 비슷한 개념을 발견할 수 있다. 예부터 우리는 '홀아비 냄새'라는 말을 해왔다. 여자가 없이 남자들끼리만 생활하는 공간에서 나는 퀴퀴한 냄새를 빗댄 말이다. '주부' 혹은 '아내'라는 존재의 부재로 인해 만들어지는 냄새인 셈이다. 결국 '홀아비 냄새'는 집이란 공간은 있어도 가정이란 공간이 없음을 뜻하는 낱말의 조합이다.

반대로, '애비 없는 자식'이란 말을 생각해보자. 이 말은 어린아이의 사람됨을 빗댄 것으로, 홀로된 어머니가 아이를 사람답게 키우려고 부단히 애쓰고도 사소한 실수로 그런 노력이 수포로 돌아갈까 노심초사하는 모습을 보여주는 말이다. 여기에서는 그런 작은 실수를 막아줄 울타리의 부재를 엿볼 수 있다. 결국 집을 만드는 남자의 부재를 아쉬워하는 말이다.

여성해방을 외치는 사람들은 이런 선입견 때문에 남자는 적극적이고 창조적인 존재로 인식되는 반면, 여성은 순응적이고 유순한 존재로 인식되는 잘못을 범하고 있다고 말할지도 모른다. 그러나 집과 가정은 함께 있어야 한다. 남편과 아내는 하나의 덩어리가 되어야 한다. 그렇다고 항상 하나는 아니다. 태극기를 보자. 빨간 반원과 파란 반원은 서로의 위치를 교묘하게 차지하면서 멋진 하나의 원을 이룬다. 태극을 둘러싼 괘는 자식에 비유할 수 있다. 정확한 위치에 네 괘와 태극이 그려진 우리의 태극기는 너무도 아름다운 모습이다. 서로가 서로를 범하지 않는다. 각자에게 주어진 위치를 지키고, 그 위치에 따른 역할에 충실하면서 대한민국이라는 나라의 상징인 태극기를 만들어내기 위한 조화만이 있을 뿐이다.

홍명보론

요사이 젊은 부부는 가사를 분담한다고 한다. 같이 사는 공간에 가정을 꾸려가기 위해서 역할을 나누어 맡는 것이다. 그들이 어떻게 일을 나누어 갖는지는 알 필요 없다. 중요한 것은 어떤 사회에서나 구성원들은 나름대로 역할을 나누어 갖는다는 점이다. 기업에서도 회장, 사장, 이사, 부장, 과장, 사원이 하는 일이 각각 다르다. 지난 6월 전국을 붉게 물들였던 우리 축구팀도 마찬가지다. 홍명보 선수가 중요한 역할을 맡으면서 국민적 영웅이 되었다고 해서, 나머지 선수들도 홍명보 역할을 하려고 했다면 축구대표팀은 엉망이 되고 말았을 것이다. 골을 넣은 선수가 신문의 1면을 장식하며 국민의 시선을 끌지만, 그들의 뒤에는 말없이 최선을 다한 나머지 선수들이 있었던 것이다. 축구대표팀이 우리를 열광시켰던 이유는 모든 선수들이 각자에게 맡겨진 역할에 소홀함이 없었기 때문이다. 우리나라가 월드컵 4강 신화를 달성할 수 있었던 것도 모든 선수들이 자신의 위치에서 역할에 충실했기 때문이다.

가정도 이와 다르지 않다. 아버지가 맡은 역할이 다르고, 어머니가 맡은 역할이 다르다. 아버지와 어머니는 하나지만, 가정이란 울타리 속에서 차지하는 위치는 달라야 한다. 가정은 민주주의가 아니라는 말이 있다. 국가가 그렇듯이 가정에서도 규범이 있어야 함을 강조하는 말이다. 규범이란 각자에게 주어진 행동의 제약이다. 따라서 규범이란 역할의 분담이라 해석할 수 있다. 이런 생각은 아버지와 어머니에서 그치지 않는다. 더 크게 보아, 남자와 여자라는 두 존재에게로 확대된다. 이제 우리는 여자와 남자, 특히 여자를 칭하는 일상적 낱말을 중심으로 해서 여자에게 맡겨진 역할이 무엇이었는가를 살펴볼 것이다.

필자의 해석에서 분노를 느낄 독자도 있을 것이다. 그러나 그런 분노는 현재와 같은 상황에 근거한 분노일 따름이다. 필자는 앞에서 '왜'라는 문제를 생각하자고 했다. 보다 근본적인 이유를 찾아가자고 했다. 필자는 여자를 칭하는 낱말의 본뜻을 찾아가려는 이 책의 노력이 바로 지금과 같은 여자의 상황을 해석해주는 '왜'라고 생각한다. 그 '왜'를 파악할 때, 우리는 남자와 여자의 문제를 더이상 지금처럼 해석하지 않을 것이라 생각한다. 여자의 문제를 지금과 같이 파악하려는 현 여성학계의 시각을 떨쳐버릴 때, 여성의 문제는 해결책을 찾을 수 있을 것이라 생각한다. 왜냐하면 그들이 오히려 여성의 문제를 더욱 심화시키고, 문제의 해결을 더욱 어렵게 한다고 생각하기 때문이다. 실제로 그들의 시각과 제시하는 해결책은 또다른 희생을 강요하고, 전혀 준비되지 않은 상태에서 부르짖는 메아리 없는 아우성에 그칠 가능성이 없지 않기 때문이다. 심하게 말하면, 여성의 인권을 보호하겠다고 앞장서는 사람들의 이익을 위한 것일 뿐 보통 여자들에게는 특별한 혜택이 없을 수 있다고 생각하기 때문이다

책의 구성

여자의 역할이 지금과 같다 해도 결코 비생산적이고 무가치한 것이 아님을 보여주기 위해서, 이 책은 다섯 장으로 구성된다.

1장에서 여성과 여자라는 낱말의 의미를 살펴본다. 지금까지 이 글을 충실히 읽은 독자라면 필자가 여성과 여자를 일정한 기준에 맞추어 사용하고 있음을 눈치챘을 것이다. 필자는 여자라는 낱말을 더 좋아한다. 그러나 여성학자들은 바로 그 명칭에서 보듯이 좀처럼 여자라는 낱말을 쓰지 않는다. 언제나 여성이다. 우리는 여자와 여성이란 낱말에 어떤 차이가 있는지 살펴볼 필요가 있다.

2장에서는 『계집팔자 상팔자?』에서 생산의 도구에 불과하다고 해석했던 '어머니'를 중심으로 그와 관련된 낱말을 분석한다. 그리고 어머니는 왜 우리에게 영원한 마음의 고향으로 인식되는가를 살펴본다.

3장은 '오목한 아내'라는 이름으로 시작된다. 오목한 아내라 하면 상상이 되지 않을 것이다. 여자의 신체는 볼록해야 보기 좋은 것

으로 인식되어 있기 때문이다. 그러나 여자는 오목해야 한다. 여기에서 우리는 반성할 것이 있다. 우리말 사랑을 역설하는 필자를 만날 것이다.

4장은 '딸'과 관련 있는 낱말을 찾아나선다. 여기에서 우리는 현명한 여자를 만난다. 그리고 우리 민족의 시조인 단군 왕검을 잉태한 웅녀, 쉽게 말해서 곰을 만난다. 그리고 여자는 곰이라고 주장하는 근거를 알 수 있다.

마지막으로 5장은 '자연' 속에서 여자를 연상시키는 낱말들을 분석한다. 음양오행론을 약간 언급하면서 자연과 여자를 연결시킨다. 자연의 모습에서 여자의 역할을 찾고, 이렇게 자연과 연결되는 여자를 우리는 어떻게 대우해야 하는지 깨닫는다. 지금의 환경 문제와 마찬가지다. 자연의 베풂을 잊고 있던 시대가 있었듯이, 여자에 대한 고마움을 잊었던 시대가 있었다. 그러나 이제 자연, 즉 환경이 무엇보다 중요한 부분으로 부각된다. 이와 같은 논리로 여자는 자연에 버금가는 위치를 되찾아야 할 것이다.

이 책은 분명히 기존 여성학의 연구 방향에 비판적인 시각을 던지고 있다. 그들의 연구 방향과 주장이 전적으로 틀렸다고 말하고 싶지는 않다. 현상의 문제에 급급했을 뿐, 보다 근원적인 문제에 접근하는 데 소홀하지 않았는가 돌이켜보는 계기가 되기를 바란다. 『계집팔자 상팔자?』에서도 언급했듯이, 교육받고 깨인 여자만이 아니라 모든 여자에게 골고루 혜택을 나누어줄 수 있는 방향을 찾는 데 아직도 소홀하는다는 것이 문제다. 차별받고 있다고 주장은 하지만, 어떤 점에서 차별받았냐는 질문에 이성적으로 설득력 있게 자신의 입장을 설명할 수 있을 여자, 특히 농촌의 여자는 얼마나 있을까?

끝으로 우리말에 나타난 여자의 모습과 역할을 엮어 한 권의 책으로 완성할 수 있도록 언제나 옆에서 지켜준 아내 현과 귀엽고 사랑스런 내 아들들, 리성과 지성에게 고마울 따름이다. 그리고 어려운 출판 사정에도 불구하고 이 책의 출간을 선뜻 허락해준 황소걸음 출판사 사장 역시 고마운 분이다.

2002년 12월
생극에서
강 주 헌

차 례

1장
여자 혹은 여성

　가장 먼저 여성과 여자라는 낱말의 차이부터 생각해본다. 언제부턴가 우리 귀에는 여자보다는 여성이라는 낱말이 익숙하게 들리고, 여자 혹은 여성에 대한 연구라 일컬어지는 여성학이란 학문 이름에서 보듯이 여자라는 낱말은 우리말에서 사라져버린 듯한 느낌마저 든다. 그럼 여성과 여자는 어떤 의미적 차이가 있을까? 사전적 뜻풀이로 확인해보자. 이희승 님의 국어대사전에 따르면, '여성'은 '①여자. ②여자의 성질. ③유럽어의 문법에서 단어를 성에 따라 구별하는 말'로 되어 있으며, '여자'는 '①여성인 사람. ②신라 때 나인의 하나로서, 침방에서 바느질하는 일을 맡음'이라 되어 있다. 결국 여성이나 여자나 사전적 뜻풀이에서는 커다란 차이가 없다. 단지 그 단어들이 주는 느낌에서는, 적어도 여성의 권익을 주장하는 사람들에게 커다란 차이가 있는 모양이다. 여자라는 낱말은 남자와 어느 정도 차별을 두는 낱말인 반면에, 여성은 남성과 동등하게 대접받는 대립된 낱말로 생각하는 것이다. 좀더 멋들어지게 학문적으로 말해보면, 여자라는 낱말은 남자에 비해 차별받는 존재를 뜻하는 '사회학적 용어'인 반면에, 여성이란 낱말은 남성과 대립되는 개념으로 전혀 차별을 발견할 수 없는 '생물학적 용어'라 말한다. 그리하여 필연으로 차별이란 현상을 동반하는 여자라는 낱말보다는, 남성과 동등한 대립적 존재로 부각될 수 있는 여성이란 낱말이 빈번하게 쓰이는 것을 당연한 흐름으로 받아들인다. 이 장에서는 과연 그런 생각이 옳은 것인지 확인해보려 한다.

1. 여자와 여성

우리는 여자라는 낱말보다 여성이란 낱말이 상위의 개념으로 받아들여지는 세상에서 살고 있다. 이런 흐름은 우리의 실제 언어 사용에서도 그대로 확인된다. 여자로 이루어지는 낱말군을 보면, 여자답다, 여자의 일생, 천생 여자다 등이 있다. 반면에 여성으로 이루어지는 낱말군을 보면, 여성계, 여성의 권익, 여성의 권리, 여성미, 여성운동, 여성해방 등이 있다. 재미있는 것은 이런 낱말군들이 서로 교체되어 쓰이지 않는다는 사실이다. 즉 여성답다, 여성의 일생, 천생 여성이다는 말은 어색하다. 여자계, 여자의 권익, 여자의 권리, 여자미, 여자운동, 여자해방 등은 더 어색하다.

이런 식의 언어 사용에서 비추어볼 때, 우리는 여성이란 낱말이 여자라는 낱말보다 최근에 빈번히 사용되고 있음을 추측해볼 수 있

다. 여자의 권익과 해방을 생각한 것이 비교적 최근의 일이며, 여자
와 관계된 새로운 낱말들은 거의 모두가 여성과 결부되어 쓰인다는
것을 확인할 수 있다. 실제로 낱말의 구성에서도 그런 것으로 생각
하기 쉽다. '여자女子'는 '계집 녀女'와 '아들 자子'로 구성되어, 남
자인 아들을 중심으로 만들어진 낱말이라 생각한다. 반면에 '여성
女性'은 '계집 녀女'와 '성품 성性'으로 이루어져 남성과 평등한 개
념으로 인식된다.

여성의 의미

'성性'은 앞에서 성품이라 했다. 맹자의 '성선설性善說'의 쓰임을
참고하면 '성'의 뜻은 쉽게 이해된다. 성품을 우리말로 하면 마음
이다. 더 나아가면 바탕, 즉 본질이 된다. 따라서 '여성'은 '계집이
란 존재의 마음 혹은 본질'이 된다. 만약 '여자'를 '계집이란 사람'
으로 해석할 수 있다면 전혀 다를 바가 없다. 오히려 '계집'의 마음
이나 본질을 더욱 강조해 드러내고 있을 뿐이다. 여기에서 '계집'
이라 표기한다고 해서 분노할 것은 없다. 남성 역시 '사내라는 존재
의 마음'이라 해석되기 때문이다.

'성性'에는 또 하나의 의미가 있다. 바로 생물학적 의미다. 영어
로 표기하면 '섹스sex'다. 우리말에서 '성욕, 성생활' 등과 같은 쓰
임에서 찾아지는 의미다. 여성계에서 주장하는 생물학적 의미에서
의 '성'이 바로 이것이다. 이때의 여성은 '계집이란 성적 존재, 혹
은 생물학적 존재'다. 물론 남성도 '사내라는 성적 존재'가 되고 만
다. 이런 관점의 해석에서, 여성이나 남성이 인간이란 흔적은 '여'

와 '남'에서 찾을 수 있을 뿐이다. '성'은 동물에도 마찬가지로 적용될 수 있기 때문이다.

이렇게 '성'으로 인간이라는 냄새를 지워버리는 '여성'이란 낱말에서는 여자라는 낱말과 달리 인간적인 따뜻함이 사라지고 있는 듯하다. 게다가 여성운동을 열심히 하는 사람들을 제외한 일반 여자 혹은 여성들은 그들 자신을 여성이라기보다는 여자라고 칭한다는 사실을 간과할 수 없다. 아직 우리에게는 여성보다는 여자라는 낱말이 더욱 가깝다. 왜 그럴까? 그 이유는 여성이란 낱말에는 없는 여자라는 존재가 지닌 본연의 역할을 바로 여자라는 낱말이 지니고 있기 때문이라 생각한다.

다시 여자로

우리가 알고 있는 것처럼 여자라는 낱말에서 '자'는 단지 '아들'만을 뜻하는 것이 아니다. 우리는 공자孔子, 맹자孟子 등 성현들의 이름에서 어김없이 '자子'를 발견할 수 있다. 이것이 '아들'을 뜻하는 것은 결코 아니다. '어른'을 뜻하는 낱말이 아니며, 일부에서 이야기하듯이 남자를 높여 부르는 호칭의 하나인 것만도 아니다. 이때의 '자子'는 곧 '사람'을 뜻하는 낱말이다. 그렇지 않으면, 우리가 남에게 자기 아내를 칭하기 위해 사용하는 '내자內子'라는 낱말의 정체 자체가 의심스러워진다. 따라서 '여자'에서 '자'는 사람을 뜻할 뿐이라고 결론내릴 수 있다. 한편 '녀女'는 아이를 안고 있는 여자의 모습을 상형화한 문자로 여겨진다. 따라서 여자는 '아이를 안고 있는 사람'이란 뜻이 된다.

흥미로운 사실은 영어에서 여자 혹은 여성을 의미하는 'woman'이란 낱말 역시 그런 뜻이라는 점이다. 일설에 따르면, woman은 셰익스피어가 만들어낸 낱말이라 한다. 『햄릿』에서, 햄릿이 어머니에게 "약한 자여, 그대 이름은 여자니라!"라고 할 때 처음 쓰인 낱말이라는 것이다. 이때 셰익스피어는 여자라는 단어를 만들기 위해서 'womb(자궁)+man(사람) → woman'을 생각했던 것이다. 결국 woman은 '자궁을 가진 사람'이 된다. 자궁이란 무엇인가? 바로 아이를 갖기 위한 필요 조건이다. 남자와 여자를 구별할 수 있는 많은 차이점들 중에서 하필 자궁을 선택한 것은, 남자와 여자가 지닌 본질적인 기능의 차이를 부각시킨 것이라 아니할 수 없다. 이렇게 볼 때, 동서양을 막론하고 여자의 역할에 대해서 동일하게 말하고 있음을 추리하게 된다. 즉, 아이를 낳아 품에 안고 기르는 역할인 셈이다.

'아이를 안고 있는 사람' 혹은 '자궁을 가진 사람'이란 한계적인 뜻을 지닌 여자라는 낱말의 속성 때문에, 여성의 권익을 위해 일하는 여성운동계에서 여자라는 낱말보다는 그 대체어인 여성이란 낱말을 주로 쓰려는 심정을 이해하지 못하는 것은 아니다. 그들은 여자라는 낱말을 배척하는 자세를 보인다. 그들의 책에서는 여자라는 낱말을 거의 찾아볼 수 없으므로 필자는 이렇게 단언한다. 이처럼 여성운동계에서도 어느 정도 낱말이 주는 이미지를 고려하고 있음을 확인해볼 수 있다. 그러나 그렇게 만들어진 이미지가 잘못된 것이라면 과거의 어법으로 돌아가는 것도 두려워하지 말아야 한다. 그것이 학문을 하는 솔직함이며, 다른 사람을 인도하는 지식인으로

女子

서의 자세일 것이다. 여성이란 낱말은 사람의 냄새가 부족하다. 그렇다고 특별히 여자라는 낱말보다 남자에 대한 평등함을 보여주는 것도 아니다. 남자와 여자는 사회적 역할을 기준으로 하여 정의된 이름이다. 그렇다고 역할에서 어느 것이 더 가치 있는 것이라고 말하지 않는다. 어느 누가 아기를 낳아 기르는 것이 밭에서 일하는 것보다 가치 없는 일이라 할 수 있겠는가! 여성이란 낱말이 남녀의 본질적 차이를 부각시킨다는 점에서 '여자'와 다르지 않다. 그러나 '여성'은 사람만이 아니라 생물이란 범주 속에 남녀 모두를 끼워넣음으로써 인간만의 속성이 사라져버린다.

따라서 필자는 이제부터라도 인간의 모습을 찾아 '여성'에서 '여자'로 되돌아갈 것을 요구한다. 그렇다면 과거처럼 남자에 비해 차별받는 존재로 인식되던 여자의 세계로 돌아가라는 것이 아니다. 과거의 어머니와 아내들이 가정에서 맡았던 본연의 임무를 우선하는 여자로 되돌아갈 것을 말하려 함이다. 지금 우리가 여자보다 여성이란 낱말을 중시하듯이, 평소 사용하는 낱말에서 여자와 남자, 특히 여자에게 맡겨진 역할이 무엇인지 확인하여 그 역할에 충실할 수 있기를 기대하려는 것이다. 그리고 그 역할이 지금의 관점에서 무가치하고 비생산적인 일로 전락했다면, 정말로 그렇게 무가치한 것인지 다시 한번 반성해볼 것이다. 그럼 여자에게 맡겨진 역할이 무엇이었을까? 이제 우리는 그 역할을 일상의 낱말에서 찾아볼 것이다. 그리고 여자에게 주어진 역할은 남자의 그것에 조금도 뒤처지지 않는다는 사실을 확인할 것이다.

물론 여기에서 이야기되는 여자의 역할이 지금의 모든 여자에게 그대로 적용되어야 한다고는 생각지 않는다. 다만 원칙을 이야기하는 것이다. 가정을 떠나 사회 활동을 하는 여자만이 배운 것을 사회에 환원하고, 자아를 개발하는 것은 아니라는 점을 말하고자 함이다. 가정을 지키며, 가정주부라는 위치에 만족하는 여자도 나름대로 사회 발전을 위해 일익을 담당하며, 어떤 의미에서는 사회 활동을 하는 여성보다 더 큰 역할을 하고 있음을 보여주려는 것이다. 요컨대 가정을 떠나는 여자만이 신징 지아를 실현하는 여성이 아니라는 것을 보여주려 함이다.

2. 여인과 여자

　다시 한번 여성과 여자 중에서 여자를 선택하는 이유를 찾아본다. 여자는 남자와 대립되는 존재로서 나이에 커다란 제약 없이 세상의 절반을 차지하는 '여자' 전체를 가리키는 낱말로 여겨지는 반면, 여성은 어느 정도 성장한 '여자' 만을 가리키는 것으로 그 범위가 축소되는 듯하다. 여성이란 낱말은 여자의 본질보다 여자의 성적인 역할을 부각시키는 생물학적 정의가 더 깊이 반영된 낱말로 받아들여지기 때문이다. 이런 차이를 '여인' 이란 낱말과 더불어 살펴보면서, 여성보다는 여자가 더욱 타당한 낱말 선택임을 확인하도록 하자.

　겉으로 보기에 '여인' 은 '여자', '여성' 과 그 짜임새가 똑같다. 또한 여자의 '자子' 가 앞에서 언급한 것처럼 사람을 뜻하는 낱말이라면, 여자와 여인은 똑같은 대상을 칭하는 낱말이어야 한다. 그러나 여인은 여자와 두 가지 점에서 다르다. 첫째 여성과 여자에는 대립되는 존재로서 남성과 남자라는 낱말이 쓰이고 있지만, 여인에는 그렇게 대립되는 개념을 뜻하는 낱말이 없다는 점이다. 여인의 대립어인 '남인男人'이란 낱말은 사용되지 않는다. 과거에 '시집가다'는 뜻으로 쓰인 '남인맞다'에서 '남인'의 흔적을 찾아볼 수는 있다. 따라서 영어의 man이 남자인 동시에 사람을 가리키듯이, 한자의 '人'도 오직 남자만을 칭한다는 해석은 지나친 비약일 수 있다. '여인'의 대립어로 현재 '남인'이 쓰이지 않는다는 점에서 영어의 woman처럼 '여인'도 '사람＝남자'의 한 부분이라 여겨질 위험이 있으므로, 여자나 여성이란 낱말을 대신하기에는 부족하다.

여인의 범위

둘째 '여인'도 '여성'과 마찬가지로 그 대상이 성장한 여자만을 가리키는 것으로 축소된 느낌이 없지 않다. 나이 어린 여자를 여인이라 칭하는 경우는 거의 없기 때문이다. 실제로 '여자아이'는 가능하지만, '여성 아이'나 '여인 아이'는 좀처럼 같이 쓰이지 않는다. 이런 점에서 여자는 여성이나 여인보다 훨씬 많은 사람을 포함한다는 것을 확인할 수 있다.

여성운동은 모든 여성의 권익 신장을 위한 운동이라 말한다. 그런 여성이 뜻하는 범주 속에 여자아이가 빠져 있다면, 모든 여성이 의미하는 바는 모호해진다. 왜냐하면 여성운동권에서 진정한 남녀평등을 원한다면, 그 출발은 갓 태어나는 어린아이에서부터 시작되어야 할 것이기 때문이다. 60~70년에 '아들, 딸 구별 말고 둘만 낳아 잘 기르자' 는 표어는 남아 선호 사상을 배척하기 위한 것이 아니던가. 그러나 '여성' 에서는 그런 어린아이가 배제되는 느낌을 지울 수 없다. 평등을 쟁취하기 위한 운동의 주체는 성인 여자일 수 있지만, 그 대상은 모든 여자여야 한다. 아니, 새로운 미래를 가져야 할 어린 시절부터 그 평등이 시작되어야 한다. 물론 그들이 어린아이에 대한 관심이 부족하다는 것은 아니다. 다만 그들의 구호에서 어린아이가 빠져버린 것 같은 기분이다.

서구적 시각의 탈피

여성계가 '여자' 보다 '여성' 이란 낱말을 선호하며, 그것을 택한 이유는 영어에서 찾을 수 있다. 영어에 여자를 칭하는 낱말로 lady와 woman이 있지만 그 쓰임새가 대립된다. 영어권에서 lady는 그 대상을 교묘히 평가절하하고, 진지한 대우를 받지 못할 웃음거리로 전락시키는 낱말이라 생각해 여성으로서 가치 있는 일에 대해서는 woman을 쓰는 경향이 있다. lady는 10~14세기 기사도 시절에 기사의 전적인 보호를 받던 여자들을 연상시켜, 스스로는 어떤 일도 할 수 없고 전혀 도움이 되지 않는 존재임을 의미한다고 생각하는 것이다. 적어도 영어에서는 역사에 근거한 이런 관념적 차이가 있지만, 우리나라에서 여자보다 여성을 선택한 이유는 분명치 않다. 여성운동의 초창기에 자주 쓰이던 낱말 '여자' 를 lady에, '여성' 을 woman에 대응시킨 것은 아닐까? 혹은 당시에 주로 쓰이던 '여자' 보다 신선한 낱말을 찾아 '여성' 이라 했던 것은 아닐까? 어떤 경우든, 서구적 시각에서 탈피하지 못한 것이다. 서구에서 woman을 썼다고 해서, 우리도 그대로 그 낱말을 해석하는 식이 되고 말았다.

맺음말

우리 문화에서는 무엇보다 이름이 중요하다. 문중마다 돌림 자가 있고, 각자의 이름에는 깊은 뜻이 담겨 있다. 마구 짓지 않는다. 이름을 지어주는 작명소까지 하나의 영업 행위로 버젓이 인정되는 세상이다. 심지어 집에서 기르는 개의 이름도 고심하며 지어준다. 우리는 이런 문화 속에서 살아왔고, 지금도 살고 있다.

'여성'이든 '여자'든 무슨 상관이냐고 반문할 수도 있을 것이다. 그러나 그렇지 않다. 우리의 낱말에는 정신이 담겨 있다. 그 정신을 무시해서는 안 된다. 그 정신에는 그 낱말에 이름을 주었던 우리 옛 어른들의 의식이 담겨 있기 때문이다. 그분들이 그렇게 이름 붙여준 이유가 무엇인지 알아야 한다. 그것을 찾을 때, 우리는 여자라는 존재의 진정한 의미를 알 수 있으리라 확신한다. 물론 남자의 경우도 마찬가지다.

앞에서 보았듯이, '여성' 보다는 '여자' 가 포용하는 범위가 더 넓다. 여자라 쓴다 해서 의존적이고 수동적인 존재로 전락하는 것은 더욱 아니다. 오히려 여성에는 미래의 여자가 될 어린아이들이 배제된다. 언어는 어떻게 사용하느냐가 중요하다. 사용하는 사람들이 새로운 뜻을 부여하는 것이다. 그러나 그 뜻이 원래의 것에서 왜곡될 때, 과거 한자가 한글을 언문이라 짓누르면서 기록의 문자로 자리잡았던 시대와 같은 비극을 다시 맞이할 위험이 없지 않다.

2장
살림하는 어머니

실패는 성공의 어머니,

빈곤은 절제의 어머니,

무지는 공포의 어머니,

낙담은 절망의 어머니,

경험은 과학의 어머니,

여유는 철학의 어머니….

이처럼 어머니는 원인 제공자가 된다. 좋은 것이든 나쁜 것이든 그런 결과가 있게 만들어주는 존재다. 어머니는 살림하는 여자여야 한다. 남편을 살리고, 자식을 살리는 사람이어야 한다. 따라서 남편이 살고, 자식이 사는 것은 전적으로 어머니의 손에 달려 있다. 결국 원인 제공자라는 뜻은 살림이라는 뜻과 통한다. 살림은 무작정

하는 것이 아니다. 살림도 엔지니어링이어야 한다. 따라서 그런 일을 맡은 어머니는 엔지니어가 된다.

원인은 시작이다. 시작은 고향이다. 그런데 어머니는 마음의 고향이다. 단순한 생산의 도구가 아니다. 어머니가 마음의 고향으로 우리 가슴에 남아 있는 이유는 무엇일까? 이제 우리는 그 이유를 어머니와 연관되는 낱말에서 찾아볼 것이다.

1. 아버지와 어머니

수레가 있다. 그리고 한 명의 남자와 한 명의 여자가 있다. 누가 앞에서 끌고, 누가 뒤에서 밀까? 십중팔구는 앞에서 끌어야 할 사람은 남자고, 뒤에서 밀어주는 사람은 여자여야 한다고 말할 것이다. 이런 배치는 다만 남자가 여자보다 힘이 세다는 논리만을 의미하지 않는다. 우리는 이런 배치를 아버지와 어머니라는 낱말에 숨어 있는 뜻에서 찾아볼 수 있다.

아버지는 '압(→앞)+엇[親]+이(주격 조사)'에서 만들어진 낱말이다. 달리 말해서 아버지라는 낱말은 '앞'이라는 의미에서 출발하였으며, 바로 이런 까닭에서 한 집안의 가장家長인 아버지라는 낱말이 탄생한 것이다. 그럼 아버지라는 낱말이 우리에게 주는 아버지의 역할은 무엇일까? 그 역할을 자동차에 비유해서 생각해보자. 자동차는 어떤 형태의 것이든 앞바퀴에 의해서 방향이 조정된다. 앞바퀴가 왼쪽으로 움직이면 자동차 전체가 왼쪽으로 진행하고, 앞바퀴가 똑바로 세워지면 자동차 전체가 앞으로 진행한다. 결국 아버지란 그가 책임지고 있는 집안이 나아갈 방향을 지도하는 위치임을 의미하는 것이다.

어머니는 뒤

그럼 어머니라는 낱말은 어떤가? 그 어원은 일반적으로 '엄(→암)＋엇(親)＋이(주격 조사)'로 분석된다. 어머니의 출발점은 '엄'이다. '엄'은 간단한 모음교체로 '암'이 되고, '암'은 '암컷'이다. 단순하게 해석하면, 어머니라는 낱말에서는 암컷의 역할만 기대된다. 암컷의 역할은 후손의 생산이다. 쉽게 말해 생산을 해서 대代를 잇게 하는 것이다. 이런 생산의 개념은 성경에서 하나님이 하와를 저주하면서, 아기 낳는 고통을 겪을 것이라고 말하는 장면과 너무도 비슷하다. 여자에 대한 동서양의 공통된 인식을 다시 한번 발견하는 대목이다. 그러나 이것은 수박 겉핥기 식의 해석이다. 우리의 옛 어른들은 결코 이런 식의 단순한 이름 붙이기를 하지 않았다. 모든 낱말에는그들의 깊은 성찰이 담겨 있다. 이제 또다른 뜻을 찾아가자.

우리말에서 어머니라는 낱말과 더불어 쓰일 수 있는 아주 흥미로운 낱말 하나가 발견된다. 바로 '업다'라는 낱말이다. '아기를 업다'의 쓰임을 생각해보자. 우리는 여기에서 아버지의 '앞'과 대립되는 개념을 발견할 수 있다. 그럼 아기는 앞으로 업는가, 뒤로 업는가? 앞으로는 '안다' 는 낱말이 짝지어진다. 업는 행위는 뒤로 하는 것이다. 그렇다면 '업다' 의 방향은 앞이 아닌 '뒤' 가 된다. 그런데 업다의 '업' 은 '엄→업' 이라 추측할 수 있다. 'ㅁ/ㅂ' 의 교체가 꼭 의심스러운 것은 아니다. 갈라지는 모습을 뜻하는 '가람-' 이 '가랍-' 으로 쓰이기도 했기 때문이다. 게다가 '가랍' 이 '가람' 의 표기적 변이라면, '업' 은 '엄' 에서 갈라져 나온 형태라는 추론은 더욱 적절하다. 어머니라는 이름이 먼저 붙여졌을 것이기 때문이다. 이런 추측이 맞다면, 엄마의 방위는 아버지와 대립되는 '뒤' 가 된다.

이제 남자가 수레를 앞에서 끌고, 여자가 뒤에서 민다는 일반적인 속설을 보다 잘 이해할 수 있다. 수레는 앞에서 끄는 힘보다 뒤에서 미는 힘이 더 클 경우 끄는 사람이 넘어져 방향을 잃는다. 이런 힘의 조화에서 우리는 남자와 여자, 좁게는 아버지와 어머니가 가정에서 가져야 할 역할에 대해 생각해볼 수 있다. 앞에서도 말했듯이, 아버지는 한 가정이 나가야 할 방향을 정하는 존재며, 어머니는 그 방향으로 힘차게 나갈 수 있도록 뒤에 떠받쳐주는 존재여야 한다. 결국 수레의 논리는 단지 힘의 세기에 따른 배치를 넘어서, 아버지와 어머니로 대표되는 남녀의 역할을 아주 멋들어지게 분담해 보여주는 이야기가 아닐 수 없다.

그럼 어머니가 뒤에서 민다는 것은 무슨 뜻일까? 이번에도 자동차의 원리와 비교해보자. 얼마 전까지만 해도 자동차의 구동 원리는 후륜구동이 거의 전부였다. 뒷바퀴에 동력을 전달하면 뒷바퀴가 굴러가는 힘에 의해 자동차가 전진한다는 원리다. 이때 앞바퀴는

좌우 방향을 결정할 뿐이다. 이와 같은 원리를 아버지와 어머니라는 단어에서 찾을 수 있다. 어머니는 뒤에서 민다고 했다. 자동차의 뒷바퀴가 돌면서 자동차를 앞으로 미는 것과 같은 원리다. 결국 어머니는 가정을 움직이는 동력이 된다. 반면에 아버지는 앞에서도 말했듯이 가정이 나갈 방향을 지시하는 향도다. 바로 자동차의 앞바퀴가 맡은 역할과 같다. 이처럼 어머니는 단순한 생산의 수단이 아니다. 집안의 동력이며, 집안의 활력소다. 따라서 그 어원인 '엄'이 생산자인 '암'을 넘어서 '뒤'를 의미하는 '업'과 관련되는 것은 당연하다.

어머니의 자세

뒤에서 수레를 밀어주는 어머니, 이런 어머니가 가정을 이끌어가는 자세를 '업'이란 낱말에서도 찾을 수 있다. 뒤에서 수레를 미는 어머니의 모습은 수레의 앞을 차지한 아버지에 가려 보이지 않는다. 결국 '없는 듯'이 여겨진다. 이런 모습이 '업'에서 찾아진다. 등 뒤로 업기 때문이다. 눈에 보이지 않는다. 따라서 '없다'와 같은 맥락이다. 이처럼 어머니는 자신의 모습을 드러내지 않는다. 위대한 사람은 누구나 그랬듯이 스스로의 역할을 과시하지 않는다. 어머니는 남편과 자식에게 수레를 밀어주는 것에 대한 보상을 바라지 않는다. 이런 어머니를 누가 무능력하다고 말할 수 있겠는가!

어머니가 가정의 원동력이란 사실을 또다른 순 우리말에서 찾아볼 수 있다. 바로 '살림살이'라는 낱말이다. 살림살이는 일반적으로 알려져 있는 것처럼, 여자라는 존재가 가정을 꾸려가기 위해 어쩔 수 없이 행해야 하는 무가치한, 여자의 자기 찾기를 무시하는 낱말이 결코 아니다. 여성학자들이 주장하듯이, 여자의 사회 활동에 비해서 가치가 떨어지는, 극단적으로 사회 활동할 능력이 없는 여성이 어쩔 수 없이 남편이라는 존재의 그늘 아래에서 떠맡는 일이 살림살이가 아니다. 오히려 살림살이는 너무도 숭고한 역할이며, 여자의 어떤 활동보다도 높은 가치가 부여되어야 할 활동이다.

2. 주부와 살림살이

이 책에서 말하고자 하는 것은 우리가 일상에서 사용하는 낱말에, 그에 해당되는 사람의 사회적 역할이 스며들어 있다는 사실이다. 일례로 우리는 남자는 앞에서 끌고 여자는 뒤에서 밀어주는 역할이 주어진다는 사실을 어머니와 아버지라는 낱말에서 찾아보았다. 여기에서는 좀더 구체적으로 여자가 뒤에서 밀어주는 역할이란 무엇이며, 그 역할이 가정이란 소단위 사회에서 어떻게 이루어져야 하는가를 살펴볼 것이다. 그리고 그것을 통해 '살림살이'란 낱말의 진정한 의미를 찾아보기로 한다.

전업주부

우리는 외부적인 사회 활동을 하지 않으면서, 가정에 충실한 기

女子

혼 여성을 주부主婦 혹은 전업주부專業主婦라 한다. 잘 알고 있듯이, 전업주부라는 신조어는 사회 활동을 하는 여자에 비추어 가정의 여자들에게 일종의 소명의식을 불어넣어주기 위해 여성단체에서 만들어낸 낱말이다. 결국 전문적으로 주부라는 역할을 하는 여자가 전업주부다.

그런데 주부는 썩 내키지 않는 낱말이다. 어떤 의미에서 순 우리말보다는 한자로 만들어진 단어에 더 고상한 가치를 부여하려는 우리의 고약한 버릇이 적나라하게 반영된 경우가 아닐 수 없다. 즉 우리의 관점에 따르면, 전업주부라는 낱말이 가정을 지키는 여자들에게 소명의식을 불어넣어주기보다는, 오히려 전업주부 혹은 주부라는 낱말이 여자에게 부여하는 사회적 역할이 지나치게 협소하고 냉소적인 분위기를 풍긴다는 뜻이다.

우리가 아무런 의식 없이 '주부'라는 낱말을 사용하고 있지만, 한자어가 그 자체로 뜻을 품는 회의자라는 사실에 비추어볼 때, 주부라는 낱말은 한낱 '청소하는 여자'일 뿐이다. 주부의 '주主'는 주인主人, 주권主權, 주인공主人公 등에서 보듯이 으뜸가는 책임을 맡고 있다는 뜻이며, '부婦'는 '며느리'라는 뜻을 지니고 있다(며느리라는 낱말이 지닌 뜻은 '3장 오목한 아내'에서 다시 살펴보기로 한다). 婦의 뜻을 좀더 분석해보면, 여자를 뜻하는 女와 빗자루를 뜻하는 '추帚'로 구성되어 있다. 게다가 '추帚'는 '앞치마 건巾'을 부수로 만들어진 한자다. 그렇다면 '부婦'는 '앞치마를 두르고 빗자루를 든 여자'가 된다. 여기에 主가 덧붙어 주부가 되면 '앞치마를 두르고 빗자루를 들고 청소를 책임지는 여자'가 된다. 한걸음 더 나아가, 전업주부라는 낱말은 '전문적으로 집안 청소를 책임지는 여자' 를 뜻한다. 이처럼 전업주부, 주부 등의 낱말은 여자의 가정에서의 책임을 냉소적으로 비하하고 무가치한 것으로 추락시키면서, 여자의 역할을 물리적인 것으로 한정해버린다. 이처럼 순 우리말에서 적절한 낱말을 찾아보려는 노력 대신 한자어가 우리말보다 고상하다는 편견 때문에, 벼룩을 잡으려다 집을 태워버리는 잘못을 범한 꼴이 아닐 수 없다.

철학이 담긴 살림살이

그럼 가정에 충실한 여자에게는 어떤 이름을 붙여주어야 할까? 우선 '꼭 그에 합당한 이름이 있어야 하는가' 라는 의문이 있다. 우리말에는 이런 여자가 지금까지 가정에서 꾸려왔던 삶을 철학적으로 표현하는 멋진 낱말이 있다. 바로 '살림살이' 다. 그러나 주변 여자들에게 '무슨 일을 하십니까?' 라고 물으면 한결같이 '주부' 라고 대답하지, '집에서 살림하고 있어요' 라고 대답하는 여자를 만나기는 어렵다. 하지만 주부라는 낱말에는 스스로를 하찮은 존재로 비하시키고 한정하는 숨은 음모가 들어 있는 데 반해, 살림살이는 그렇지 않다.

살림살이라는 낱말이 지닌 뜻을 새겨보면, 이렇게 주장하는 이유를 쉽게 이해할 수 있을 것이다. '살림살이' 는 '살림' 이란 낱말과 '살이' 란 낱말의 합성어다. 먼저 '살림' 이란 뜻부터 살펴보자. 살림이란 무엇인가? 우선 명사인 것은 확실하다. 그럼 동사는 당연히 '살리다' 가 된다. '살리다' 는 목적어가 필요한 동사다. 무엇인가를

女子

살려야 한다. 무엇을 살릴까? 가정에서 살릴 것은 자명하다. 바로 남편의 사기와 자식의 기운이다. 힘든 하루를 보내고 집으로 돌아온 자식과 남편에게 새로운 생명을 불어넣어, 다음날 다시 삶의 전쟁터로 기운차게 나갈 수 있도록 살리는 역할이 바로 가정의 여자에게 있는 것이다.

그렇다면 어떻게 살려야 할까? 그 해답은 '살이'에서 찾을 수 있다. '살이'는 '사르다燒'와 '이(주격 조사)'가 합해진 낱말이다. 가정을 지키는 여자가 남편과 자식을 살리는 방법은 아궁이에 불을 붙이듯 그들에게 사기와 용기를 되살려주는 것이다. 이처럼 살림살이라는 낱말은 주부라는 낱말과 달리 가정을 책임진 여성의 철학적이며 정신적 역할을 강조하고 있다. 여자의 역할을 그저 빗자루를 들고(요즘은 청소기를 돌리면서) 밥이나 하는 그런 조잡한 역할로 한정하지 않는다. 남편에게, 자식에게 정신적 반려자로서 조금도 부족함이 없기를 강요하는 낱말이 바로 살림살이다. 어머니가 뒤에서 민다는 것도 물리적인 힘을 바탕으로 한 행동이 아니라, 바로 이런 철학적 고민을 전제로 해야 한다. 우리 옛 어른들은 요즘 서구적 교육을 받은 사람들이 주장하듯이 남자는 이성적이고 여자는 감성적이라는 이분법에 결코 동의하지 않았던 것이다.

요즈음 우리 주변에서는 '나는 살림살이나 하는 여자예요' 라고 말하면서 살림살이라는 낱말 자체를 비속어로 만들어버릴 뿐 아니라, 자신을 비하하는 여성이 없지 않다. 그러나 낱말에 숨은 본뜻은 전혀 그렇지 않다. 오히려 '나는 전업주부예요' 라는 말 속에는 '나는 주부라는 자부심을 가진 여자예요' 라는 현재의 해석과는 전혀 모순되는 의미가 들어 있을 뿐이다. 여기에서 우리는 일제에서 해방되고, 중국의 영향권에서 해방된 지 50년과 80년이 지난 지금에도 순수한 우리말을 언문諺文으로 취급하는 불행한 사태를 경험하고 있다. 언제쯤 이런 비극적 상황을 극복할 수 있을지 단언할 수 없지만, 여성운동권에 한마디 권고하고 싶다. '살림살이'처럼 너무나 적절하고 숭고한 의미가 담긴 여성 해당어를 찾아 사용을 적극 권상하라는 것이다. 그렇게 하기 위해서 여성학은 단지 사회학의 한 분야로서 사회적 권리의 쟁취만 강조할 것이 아니라 보다 폭넓은 공부와 연구가 절실하다. 그렇게 될 때, 다시는 '전문적으로 빗자루를 들고 청소하는 여자'인 '전업주부'처럼 우스갯소리 같은 낱말을 만들어내는 실수를 범하지 않을 것이다. 이제 우리의 어머니들은 어떤 경우에서나 자신있게 "나는 집에서 살림해요"라고 말할 수 있어야 한다.

3. 다리와 여자

남자男子라는 낱말의 구성을 보면, 밭田에서 힘力을 쓰는 사람이다. 태어나는 순간부터 일하도록 운명지어진 사람이다. 성경에서 하나님도 아담에게 밭에서 힘쓰라고 말씀하시지 않았던가! 반면에 여자女子는 아기를 안고 있는 사람이도록 운명지어져 있다. 하지만 요즘 세상에 이렇게 말하면 구시대적 의식이라고 비판이 아닌 비난의 대상된다. 그러나 다시 한번 분명하게 말하건대, 이런 주장은 원칙론이다. 이런 원칙의 굴레에서 벗어나야 한다는 것이 여성의 권익 신장을 위해서 필요하다는 것이 여권운동가들의 주장이다. 하지만 여자의 권익을 신장하기 위해서, 여자만의 자존을 세워가기 위해서, 반드시 그들의 방법만이 옳은 것은 아니라는 점을 보여주려는 것이 이 책의 목적이다.

우리가 일상에서 사용하는 낱말 본연의 의미는 무엇이었을까 나름대로 추론해봄으로써, 여자에게 주어졌던 원래의 역할은 지금 여권운동가들이 주장하는 것처럼 결코 나약하고, 수동적이고, 동물적인 모습이 아니었음을 증명하려 한다.

두 세계를 이어주는 여자

이번에는 '다리' 라는 낱말을 통해서 여자의 역할이 무엇인지 알아보기로 한다. 우리는 '다리' 라는 낱말의 두 가지 뜻을 알고 있다. 하나는 사람을 비롯한 동물의 하체로서 땅을 밟고 서 있도록 해주는 기둥이다. 그 뜻이 발전하여 '책상 다리' 와 같이 무생물의 경우에도 쓰인다. 다른 하나는 강이나 개천, 언덕과 언덕 사이를 이어주는 물건이다. 따라서 다른 세계로 넘어갈 수 있게 해주는 디딤돌이다. 결국 '다리' 는 기둥이며 디딤돌이다. 따라서 다리가 없으면 무너져 내릴 수밖에 없으며, 다른 세계로의 전진은 불가능하다. 이런 뜻풀이에서는 '다리' 가 여자와 어떤 관계를 갖는지 전혀 알 수가 없다.

'다리' 에 또 하나의 뜻이 있다. '여자의 머리카락 숱을 많아 보이게 하려고 덧넣어 딴머리' 도 다리다. 이상에서 살펴본 세 가지 의미의 '다리' 는 모두 같은 어원에서 출발한 것이라 추론해볼 수 있다. 왜냐하면 기둥으로서의 다리, 디딤돌로서의 다리가 그렇듯이, 여자의 머리카락을 감싸주는 다리 역시 더욱 돋보이게 해주는 것이다. 우리가 추구하는 것이 더욱 커다란 역량을 발휘할 수 있도록, 더욱 커다란 세계로 뻗어갈 수 있도록 뒤에서 떠받쳐주는 역할을 하는 다리다. 마치 우리가 수레를 뒤에서 미는 여자의 모습과 비교했던 것과 다르지 않다. 게다가 그 '다리'에는 여자가 틀림없이 들어 있다. 따라서 여자란 가정을 떠받쳐주는 기둥이며, 가족 구성원이 가정이라는 세계에서 또다른 세계로 안전하게 넘어가고 언제든지 다시 돌아와 편안함을 찾을 수 있도록 해주는 디딤돌로서의 다리인 셈이다.

다리에서 울타리로

그뿐만이 아니다. 공동체의 보금자리를 의미하는 동시에 '우리'라는 동아리를 뜻하는 '울'을 둘러싼 보호막인 '울타리'에서도 여자의 흔적을 찾을 수 있다. 보통 울타리는 풀이나 나무 등을 얽어서 세운다. 세로로 세워진 모습이 다리와 크게 다르지 않다. 울타리가 '울+타리(←다리)'라고 분석되는 것에서 울타리도 다리와 다르지 않다는 증거를 찾을 수 있다. 울타리는 보호막이며, 경계의 표시다. 따라서 울타리 안은 안전한 곳이다. 울을 가정에 비유한다면, 울타리는 어머니다. 가족이 마음놓고 지낼 수 있도록 지켜주는 역할을 맡은 이가 바로 어머니다. 울타리에는 그 안으로 들어서기 위한 대문이 있게 마련이다. 달리 말하면, 가족의 공간인 울 안으로 들어오는 유일한 관문인 대문도 울타리의 한 부분이어야 한다. 그런데 그 대문이란 낱말마저 여자와 관계를 갖는다. 우리는 그 흔적을 바로 '마누라'라는 낱말에서 찾아볼 수 있다. 3장에서 자세히 살펴보겠지만, '마누라'는 '만+오라'로 분석되고, 이때 '오라→오래'는 대문을 뜻하는 옛말이다. 이처럼 울타리만이 아니라 그 한 부분인 대문까지 여자와 관계 있다는 사실이 놀랍기만 하다. 옛 어른들이 집이란 공간에 모두 여자와 관계된 낱말을 사용한 데서 우리는 무언가를 깨닫는다. 바로 여자라는 존재가 가정이란 울타리 속에서 갖는 중요성이다.

  이런 추론이 옳다면, 우리 조상들이 낱말 만들기에 기울인 세심한 배려가 경이로울 뿐이다. 여하튼 마누라는 가족의 어머니다. 그리고 대문은 떳떳하게 들락거릴 수 있는 유일한 공간이다. 어머니는 가족을 포근하게 감싸주며, 가족들로 하여금 마음놓고 울 안의 가정과 울 밖의 세상을 들락거리도록 대문을 열어놓고 그들을 배웅하고 맞이해주는 존재다. 다시 말해서, 대문이 바로 두 세계를 이어주는 다리인 셈이다. 그 다리에서 어머니의 모습을 찾을 수 있다. 이런 어머니에게 누가 무능하다고 손가락질할 수 있겠는가? 가정을 지키는 어머니는 어떤 직업을 가진 여자보다 위대한 여자임을 다시 한번 다짐해둔다.

4. 어머니와 고향

설날과 추석이면 귀향 전쟁이 벌어진다. 전세계에서 우리나라와 중국에서만 볼 수 있는 특이한 현상이다. 그만큼 우리는 고향을 마음속으로 그리워하며 살고 있다는 증거이기도 하다. 삭막한 도시 생활에서도 보리가 자라고, 벼가 익어가는 고향을 생각하면 한결 마음이 가벼워지고, 금방이라도 뛰어가고 싶은 그런 심정이다. 그런 까닭인지 몇 해 전에 서울 한복판에 있는 세종문화회관 공터에 보리를 심어, 서울 사람들에게 고향의 정취를 느끼게 해주었다고 화제가 된 적도 있었다. 이처럼 우리에게 고향은 떼어놓을 수 없는 곳이다.

고향이란?

우리에게 진정한 고향은 어디일까? 아버지가 태어난 곳, 어머니가 태어난 곳, 친척들이 모여사는 곳… 여러 곳을 떠올려볼 수 있다. 도시에서 태어난 사람들에게도 고향에 대한 그리움이 어렴풋이 그려진다. 하지만 그때 그들은 땅이라는 물질로 된 고향만을 생각하는 것은 아니다. 많은 시에게 표현하고 있듯이, 그들에게 그리고 우리 모두에게 고향은 어머니다. 그래서 곧잘 어머니는 '마음의 고향'이라고 말한다. 왜 어머니는 우리에게 그런 그리움의 대상인 고향으로 상징될까? 시에서 그렇게 그렸기 때문일까? 시인은 왜 그런 비유를 했을까? 그 시를 읽은 우리는 왜 시인의 그런 표현에 쉽게 공감할까? 어머니라는 낱말에 고향이 숨어 있기 때문이다.

고향이란 사전에 '내가 나서 자란 곳'이라 정의되어 있다. 이런 정의에 어머니라는 낱말은 너무도 정확히 들어맞는다. 어머니는 '엄(←암)+엇[親]+이(주격 조사)'로 이루어진 낱말이라 했다. 결국 암컷이란 뜻에서 만들어진 것이다. 물론 암컷은 생산자라는 의미를 갖는다. 그러나 어머니는 단순히 자식을 생산하여 혈통을 이어주기 위한 도구가 아니다.

자궁을 가진 어머니

암컷에게는 수컷에게 없는 것이 있다. 바로 자궁子宮이다. 그런데 아들을 뜻할 수 있는 한자 '자子'가 마음에 들지 않는다. 오히려 순 우리말인 아기집이 더 좋다. 우리는 바로 그곳에서 생명을 받아 태어났고, 그곳에서 어머니의 완전한 보호를 받으며 자랐다. 따라서

女子

어머니의 몸 속에 있는 아기집이 바로 우리의 고향이라고 말해도 전혀 이상할 것이 없다. 어머니는 우리의 고향이다.

그럼 고향은 어떤 곳인가? 그곳에 가면 언제나 편안하고 안락함을 느낀다. 안전한 곳이다. 주변의 모든 것이 내 편을 들어줄 듯한 기분이다. 그런 까닭인지 어떤 범죄자라도 더이상 숨을 곳이 없으면 고향을 찾는다. 마치 어머니의 아기집으로 다시 들어가고 싶은 심정으로 말이다. 사실 우리 생명이 잉태된 순간 가장 안전하고 안락하게 지냈던 곳이 바로 어머니의 아기집이다. 구약성서에서 요나가 하나님의 명령을 어기고 그로 인해 바다에 뛰어들었을 때, 커다란 물고기의 뱃속에서 사흘을 지내며 회개할 기회를 가졌다. 범죄자가 고향을 찾는 심정도 요나가 물고기의 뱃속에서 회개하였듯이, 다시 한번 어머니의 아기집으로 들어가 새로운 삶을 찾으려는 숨겨진 욕망일 수도 있다.

이제 어머니를 마음의 고향이라 했을 때, 우리가 왜 그렇게 공감할 수 있었는지 알게 되었다. 어머니라는 낱말에 숨어 있는 아기집 때문이었다. 고향은 어머니가 계시는 곳이다. 고향을 찾는다는 것은 어머니를 찾아가는 것과 같다. 우리가 아주 어렸던 시절, 의식이 없었던 시절, 아기집이란 공간 속에서 아무런 걱정 없이 안락하게 지낼 수 있게 해주었던 분, 그 어머니를 찾아가는 것이다. 지금도 우리는 어머니에게서 그런 모습을 기대한다. 또 우리를 낳아주신 분은 어떤 시대를 불문하고 그런 여자였기에, 그 여자를 어머니라 이름 했을지도 모른다. 바로 그 여자에게서 그런 역할을 기대했기 때문이다. 우리가 어머니에게 바라는 심정은 예나 지금이나 변함이 없다. 언제나 나를 따뜻하게 맞아주고, 다친 상처를 치유해주며, 모든 잘못을 모진 매질 대신에 사랑으로 감싸주는 그런 어머니를 기대하고 있다.

5. 엄지와 어머니

다섯 손가락에는 각기 다른 이름이 있다. 그중에서 가장 뭉툭하게 생기고, 특별히 홀로 떨어진 손가락을 엄지라 한다. 엄지는 주로 으뜸을 칭하는 데 사용된다. 아마도 엄지가 손가락 중에서 첫째로 여겨지기 때문일 것이다. 실제로 수를 셀 때 엄지를 가장 먼저 꼽는 우리의 습관을 봐도 엄지가 첫째임에 틀림없는 듯하다. 우리는 곧잘 '열 손가락 깨물어서 안 아픈 손가락이 없다'고 말한다. 이 때문에, 엄지는 곧잘 장남에 비유된다. 그런데 왜 하필이면 여자를 뜻하는 '엄지'라 이름 했을까? 혹시 다른 뜻이 있는 것은 아닐까?

다른 손가락과 외따로 떨어져 있는 그것을 엄지라 한 것은 왜일까? 그 이유를 알아보자. 일단 엄지는 '엄(암 → 어머니)+指(손가락)'의 합성어다. 엄지에서 어머니의 흔적을 찾기는 어렵지 않다.

장남이란 비유는 첫째라는 상징성 이외에 다른 것은 없다. 그렇다면 엄지는 어머니와 더욱 가까울 것이라 추측해보아도 무리가 없다. 어머니라는 낱말에 숨겨진 의미는 앞에서 이미 보았다. 대체 왜 이 뭉툭한 손가락을 엄지라 이름 했을까? 왜 이 손가락에서 어머니를 생각하도록 이름짓게 되었을까? 이제 그 해답을 찾아보자. 엄지라는 손가락에서 어머니의 위치와 어머니의 처신이 어찌해야 하는지를 알 수 있다.

성姓이 다른 어머니

우선 엄지가 지닌 몇 가지 특징을 살펴보면서, 그 의미를 여자의 모습과 연결해보고자 한다. 엄지가 다른 손가락과 눈에 띄게 달라 보이는 점은 그 위치다. 외따로 떨어져 있다. 이처럼 다른 네 손가락과는 근거를 달리한다는 점이 주목된다. 하지만 엄지의 뿌리는 아래로 내려가 결국에는 네 손가락이 출발된 손목 근처에서 만나기 때문에 궁극적으로 하나가 된다. 이런 사실을 가정을 구성하는 사람들에 비유해볼 수 있다.

우리에게는 성姓이라는 것이 있어 가문을 표시한다. 다시 말해 성을 통해서 그 사람의 뿌리를 알 수 있다. 그런데 한 가정에서 유일하게 성이 다른 사람이 있다. 바로 어머니다. 오직 어머니만이 성이 다르다. 하지만 나머지 사람들은 모두 아버지의 성과 동일하므로 같은 뿌리다. 어머니는 성이 다르므로 다른 뿌리다. 그러나 그들은 하나의 가족이다. 하나의 동아리 속에서 살아간다. 비록 어머니는 성이 다르지만 나머지 가족들과 하나의 뿌리를 만들어간다. 마치 엄지가 나머지 네 손가락의 뿌리인 손목쯤에서 만나는 것과 같다. 이처럼 어머니는 다른 뿌리에서 건너 들어와 하나의 가족을 만들어 가는 사람이다.

보호하고 보호받는 어머니

엄지가 지닌 두번째 특징은 다른 손가락들과의 만남이 구조적으로 쉽다는 것이다. 달리 말해서 엄지는 다른 손가락 모두와 쉽게 만날 수 있으나, 예를 들어 둘째 손가락(검지)은 엄지 외의 나머지 손가락들과 쉽게 만날 수 없다. 물론 서로 만나게 할 수는 있지만, 엄지만큼 쉽지는 않다. 만일 손가락을 가족이라 한다면, 엄지는 으뜸이라 해서 아버지가 아니다. 엄지는 어머니다. '엄'에서 그렇게 말하고 있다. 그 이유는 간단하다. 어머니는 집안 식구 모두를 챙겨주는 존재이기 때문이다. 엄지가 다른 네 손가락을 아주 쉽게 만날 수 있다는 데서 어머니의 모습을 상기했던 것이다. 거꾸로 다른 네 손가락도 언제든지 쉽게 엄지와 만날 수 있다.

이 책에서 어머니는 주부라기보다는 살림살이를 하는 사람이어야 한다고 되풀이해서 말하는 까닭도 엄지에서 찾을 수 있다. 엄지가 나머지 네 손가락을 차례로 참견하듯이, 어머니는 가족 모두를 살펴보면서 그들의 감정을 점검해야 한다. 그렇기에 어머니는 게으름을 피울 틈이 없다. 항상 그들이 어떻게 하면 밝은 모습을 가질 수 있을까 생각하며, 연구하는 자세여야 한다. 그런 자세가 바로 살림살이기 때문이다. 거꾸로 말할 수도 있다. 어떤 식구라도 원할 때 어머니를 만날 수 있도록 어머니는 언제나 그 자리를 지켜야 한다. 어머니를 보는 것만으로도 식구들은 안정을 찾을 수 있기 때문이다.

어머니가 가족을 이끄는 또 하나의 자세가 엄지에서 찾아진다. 앞에서 우리는 수를 셀 때, 항상 엄지를 먼저 꼽는다고 했다. 그리고 나머지 손가락들이 엄지를 감싼다. 우리는 이런 모습을 두 가지로 해석할 수 있다. 하나는 어머니가 가정을 이끄는 자세다. 엄지는 밖으로 드러나지 않는다. 다시 말해서 어머니는 자신의 희생을 겉으로 드러내지 않는다. 그저 희생으로 만족할 뿐 보답을 원치 않는다. 언제나 겸손할 뿐이다. 자식들과 남편도 어머니와 아내의 그런 자세를 잊지 않는다. 이것이 손가락을 꼽는 방법에서 찾을 수 있는 두번째 해석이다. 그들은 어머니와 아내의 고마움을 충분히 절감하고 있다. 그래서 그들은 어머니를 감싸안는다. 혹시 어머니에게 어떤 허물이 있더라도 밖으로 불평을 터뜨리지 않는다. 어머니기에, 아내기에 무조건 감싸안는다.

조정자로서의 어머니

그러나 어머니는 그들의 보호만으로 안주하지 않는다. 자식이나 남편의 허물을 덮어주기 위해서 그들을 감싼다. 주먹을 쥐어보자. 엄지가 겉으로 나온다. 바로 이런 모습이다. 어머니가 밖으로 드러났다. 자신의 희생을 과시하려는 것이 아니다. 가족을 희생시키며, 그들을 딛고 일어서려는 모습이 결코 아니다. 오히려 그들의 허물과 과실을 가려주려는 희생적인 모습이다.

엄지는 다른 손가락에 비해서 유난히 뭉툭하게 생겼다. 원만하다고 말할 수 있다. 각자가 자기의 의견을 제시하지만 어머니는 그렇지 않다. 가족의 생각을 들어준다. 그렇다고 생각도 없고 판단도 없는 어머니가 아니다. 원만한 그 모습처럼 타협점을 찾는다. 제각각인 다른 손가락들과 달리, 어머니는 다른 가족을 하나씩 만나본다. 그리고 최선의 것을 만들어낸다. 그것이 바로 원만함이다. 있지만 없는 것처럼 행동하고 생각하는 것이 엄지와도 같은 어머니의 기본 자세다.

엄지는 단순히 손가락 하나의 이름이 아니다. 그 이름에는 어머니의 모습이 담겨 있다. 엄지의 움직임에서 우리는 어머니의 모습을 찾았다. 그 어머니는 지금과 같은 어머니가 아니었다. 현명하면서도 희생적인 어머니였다. 항상 연구하고 생각하고 행동하는 어머니였고, 아무리 감사해도 부족한 어머니였다.

女子

6. 어금니와 어머니

너무도 어린 시절이어서 누구도 기억할 수 없겠지만, 우리의 이가 채 나지 않았던 때, 어머니는 음식을 어금니로 꼭꼭 씹어서 우리 입 속에 넣어주셨다. 그래서 우리는 그것을 삼키기만 하면 그만이었다. 그래서인지는 몰라도, 어금니는 '이 중의 이' 라 칭하기도 한다. 우리를 키워준 이이기 때문일 것이다. 따라서 어금니라는 낱말에서 어머니의 모습을 찾을 수 있다는 것도 그리 놀랍지만은 않다.

어금니, 생명의 원동력

어금니의 옛말은 '엄' 이다. 어금니는 '엄+니' 로 쉽게 분석될 수 있다. '엄' 은 어머니였다. 따라서 어금니는 어머니의 이다.

어금니는 한자어로 '牙' 라 썼다. 그뿐 아니라 '엄' 은 싹을 뜻하는

女子

'牙' 를 의미하기도 했다. 싹이란 생명의 움틈이다. 생명이 시작되고 있음을 의미한다. 여기에서 우리는 '牙', 즉 어금니는 생명을, 성장을 있게 해주는 증거임을 발견한다. 그렇기에 우리의 어머니들은 어금니로 딱딱한 멸치를 씹어 어린 우리 입 속에 넣어주셨던 것이다. 누가 가르쳐준 것이 아니다. 본능적으로 그렇게 하셨다. 멸치를 씹어서 어린 우리의 입 속에 넣어주던 이의 이름이 어금니였기에 어금니로 음식을 씹었던 것이 아니라, 우리 어머니가 바로 그 이로 딱딱한 음식을 씹어 우리 입 속에 넣어주었기에 어금니라 이름 붙여진 것이다.

이렇게 어금니에서 어머니를 찾을 수 있다. 그렇다면 어금니란 이름이 우리에게 가르쳐주는 것은 무엇일까? 어금니와 우리의 인생을 세 가지 시기로 나누어 비교해볼 수 있다. 첫 시기는 이가 나지 않았던 어린 시절이다. 그때는 우리 스스로 아무것도 씹어 삼킬수 없다. 누군가 대신 씹어주어야 한다. 그 역할은 어머니의 몫이라고 어금니는 말해준다. 적어도 유아에게는 어머니가 절대적으로 필요한 존재임을 말해주고 있다. 단순히 씹어주는 역할만을 위해서는 아닐 것이다. 씹는다는 것은 가루로 만드는 것이다. 가루란 무엇이나 만들 수 있는 원초적 재료다. 결국 어머니는 자식에게 기본을 만들어 제공해주는 사람이다. 어머니가 음식을 씹어 넘겨주는 시기는 아기의 기본적 인격이 형성되는 시기이기도 하다. 이런 어머니인 여자를 학대하고 무시한다는 것은 인간으로서의 최소한의 의무를 저버린 것이며, 최소한의 책임마저 내던진 것이다. 어금니가 그렇다고 분명하게 말해주고 있다.

효를 떠올려주는 어금니

둘째 시기는 어금니를 가진 때다. 스스로 씹어 삼킬 수 있다. 그러나 어금니가 있는지조차 모르고 지낸다. '품안의 자식'이라고 어른들이 푸념하듯 말하는 것과 같다. 혼자서 모든 것을 처리한다고 떠들어댄다. 자기 혼자 그렇게 성장한 것처럼 오만을 부린다. 어머니의 참견이 싫다. 그러나 곧 자신이 어머니가 된다. 그리고 자신의 아기를 낳으면 어금니의 효용성을 깨닫는다. 어머니의 고마움을 기억한다. 잊혀섰넌 어머니의 모습이 다시 떠오르는 것이다.

그러나 곧 마지막 시기가 다가온다. 어금니가 빠지고, 맛있는 음식은 이제 그림의 떡이다. 틀니를 찾는다. 틀니로 어금니를 대신한다. 어금니를 소중하게 간직하지 못했던 것을 후회한다. 돌아가신 어머니에게 제대로 효도하지 못했던 과거를 후회하는 것과 같다. 그러나 돌아가신 어머니에게는 효도할 수 없는 법이다. 묏자리를 멋들어지게 쓰고, 명절 때마다 찾아가더라도 마음은 편하지 않다. 어금니를 잃고 후회하는 것과 같다. 틀니로 어금니를 대신해보지만, 예전의 내 어금니처럼 편안하지 않다. 호화찬란한 묏자리로 어머니에 대한 효도를 대신할 수 없듯이, 아무리 비싼 틀니도 내 어금니만은 못한 법이다.

맷돌과 어금니

어금니는 음식을 잘게 부수는 역할을 한다. 즉 가루로 만든다. 우리는 그런 역할을 하는 가정용 기구를 알고 있다. 바로 '맷돌'이다. 곡식을 갈아서 가루로 만드는 데 쓰는 기구다. 여기에서 가루라는 낱말에 주목한다. 덩어리를 가루로 만든다는 점에서 맷돌과 어금니의 역할은 같다. 그럼 가루가 무엇인지 생각해보자. 가루는 가장 원초적인 재료다. 무엇이든 만들 수 있는 재료다. 그러나 가루는 가루일 뿐이다. 가루를 바탕으로 무엇이 만들어지기 위해서는 누군가의 손이 필요하다. 다시 말해서 그 가루를 쥐는 사람의 손에 달려 있다. 우리는 그런 가루를 어머니의 손에 맡긴다. 그리고 그 가루가 우리 몸 속으로 들어온다. 전적으로 어머니의 손에 달려 있다. 결국 우리 개인의 장래는 어머니의 손에 달린 셈이다. 여기에서 나폴레옹의 말을 기억해본다. 그는 "프랑스로 하여금 좋은 어머니를 갖게 하라. 그리하면 프랑스는 좋은 아들들을 갖게 될 것이다"라고 말했다. 국가의 장래도 어머니의 손에 달려 있다고 말한 것이다.

그럼 어머니는 그 가루를 어떤 식으로 빚어야 하는가? 그 대답도 맷돌에서 찾을 수 있다. 맷돌은 '매'이기도 하다. 또한 '매'는 회초리다. 그러기에 우리는 '매 끝에 정든다', '귀한 자식 매 한 대 더 때린다'고 말하지 않았던가! 자식의 장래를 위해서 어머니는 매를 든다. 그렇게 정을 쌓아가고, 진정한 인간으로 만들어간다. 조건 없는 사랑을 쏟는 어머니지만, 자식의 장래를 잊지 않는다. '집에서 새는 바가지는 들에도 샌다'며, 철저한 규범에 맞춰 교육시킨다. 그것이 '매'다. 절대 감정이 개입되지 않는다. 그런 어머니가 있었기에 지금의 우리가 있는 것이다. 어린 시절 어머니의 '매'가 우리의 장래를 결정하는 시초다. '매'는 물리적 체벌만이 아니다. 가루를 빚는 행위다. 장래의 무엇이 될 수 있도록 자질을 쌓아주는 행위다. 그런 행위는 어머니의 몫이다. 그것이 맷돌과 어금니가 말해주는 어머니의 역할이다. 우리는 어머니의 이런 희생을 바탕으로 성장했다.

이렇게 어금니는 우리의 삶 전 과정에서 어머니를 연상시킨다. 그리고 어머니는 우리의 삶 전체를 결정하는 디딤돌을 만들어주는 존재다. 우리 옛 어른들께서 주변의 모든 사물들에 붙여준 이름에서 그들의 생각을 엿볼 수 있다. 그들의 생각에서는 어떤 편견도 찾아볼 수 없다. 자연의 섭리를 그대로 반영했을 뿐이다. 다시 말해, 우리가 평소 사용하는 말에서 옛 어른들의 사고를 상상해볼 때, 여자와 남자에 대한 차별 의식은 전혀 없었다. 오로지 자연의 섭리만이 있을 뿐이다.

7. 아주머니와 어머니

이 글을 지금까지 읽어온 독자가 만일 여자라면, 어머니의 역할을 지나치게 강조하여 하나의 여자로서 지닌 개성을 억누르도록 강요하며, 독립된 인간으로서의 자율적 역할을 제한한다는 반감을 가질 수도 있을 것이다. 그러나 개개의 인간은 홀로 살 수 없다. 계속적인 연쇄를 이루는 동아리의 겹침 속에서 살고 있을 뿐이다. 다시 말해서 누구나가 한 국가의 구성원이지만, 그 이전에 가족의 일원이다. 또한 가족은 모든 사회를 만들어가는 기초적 동아리다. 이처럼 가족이 만들어가는 가정은 더 큰 사회를 위한 기초가 되어야 하고, 그 가정은 사랑을 근간으로 해야 하며, 그런 사랑을 가정에 깃들게 하는 주역이 바로 어머니라는 사실을 우리가 일상에서 사용하는 낱말에서 확인했을 뿐이다.

주인공은 있어야 한다

가정의 구성원 모두가 사랑을 만들어가는 주체가 아니라, 어머니만이 그런 부담을 짊어져야 한다는 사고방식 자체가 바로 여성에 대한 차별이라는 불만을 일으킬 수 있다. 그러나 주체와 주역은 다르다. 모두가 주체일 수는 있지만, 주역은 아니다. 어떤 영화 제목처럼 모두가 주인공일 수는 없는 법이다. 회사에 사장이 있고, 아무리 작은 모임에도 회장이 있듯이, 가정을 이끌어가는 데도 주인공이 필요한 법이다. 그 주인공은 구성원 모두가 서로를 사랑할 수 있는 분위기를 만들어가야 한다. 우리의 옛 어른들이 가르쳐준 '우리'라는 개념을 되찾을 수 있는 견인차가 되어야 하는 것이다.

어머니의 이런 노고에 우리는 호칭으로써 보답하고 있다. 앞에서 보았듯이, 어머니는 생산의 도구를 넘어서 수레를 뒤에서 밀어주는 존재라 했다. 그런 희생 덕분에, 어머니라는 낱말은 언제나 우리 가슴속에 고향 같은 푸근함을 떠올리게 한다. 언제나 뒤에서 든든하게 지켜주는 어머니이기 때문이다. 그러나 나를 낳아준 여자만이 어머니가 아니다. 이 세상의 모든 여자가 어머니다. 그 증거는 무엇인가? 바로 '아주머니'라는 낱말에서 그 증거를 찾을 수 있다.

아주머니 = 어머니

우리는 낯선 여자를 아주머니라 부른다. 그렇게 부르는 데 어떤 거리낌도 없다. 상대 여자도 아무렇지 않게 그런 호칭을 받아들인다. 이처럼 우리에게는 모든 여자가 아주머니다. 이런 '아주머니'의 옛말은 '아ᅀᆞ + 어머니→엄(母) + 엇(親) + 이(주격 조사)'로 분석

女子

되는 것이 일반적 흐름이다. 이때 아ᅀᅳ는 '아우' 라는 뜻이다. 그 뜻은 '맏' 에 대응하는 개념으로 '나이가 아래인', '어린' 이란 뜻이다. 결국 아주머니는 '어린 어머니', '아우뻘 되는 어머니' 가 된다. 어머니보다 나이 어린 여자를 총칭하는 낱말이 바로 아주머니다. 그 뜻을 확대해보면, 어머니에 버금가는 여자다. 따라서 우리 개념에서 모든 여자는 어머니에 다름아니다.

그러나 이 세상의 모든 남자는 아버지가 아니다. 아주머니에 대응되는 낱말은 아저씨다. 물론 아저씨를 '아ᅀᅳ+압[父]+이(주격 조사)' 로 분석하여, 아저씨 역시 '작은아버지' 로 분석하는 경우가 없지 않다. 그러나 그렇게 분석할 경우, 남편과 같은 항렬에 있는 사람으로 보통 시숙媤叔이라 일컬어지는 순 우리말 '아주버니→아ᅀᅳ+압[父]+엇[親]+이(주격 조사)' 의 분석과 다를 바 없기 때문에 그런 분석이 타당한 것인지 의심스럽다. 실제로 그런 분석이 가능하더라도, 아저씨와 아주머니의 의미에는 커다란 차이가 있다. '엇' 의 유무 때문이다. '엇' 은 '친親' 이란 한자에서도 보듯이, 가까움을 표현하는 척도다. 아주머니에는 그런 가까움을 표현해주고 친척임을 인정해주는 '엇' 이 있지만, 아저씨에는 그런 흔적이 보이지 않는다. 그런 표지가 실제로 친척인 시숙을 일컫는 아주버니에게만 있을 뿐이다. 따라서 적어도 언어적으로 남자는 아버지다운 대우를 받는 데 제한이 있지만, 모든 여자는 어머니로 비쳐지는 것이다.

아저씨와 아주머니을 대접하는 차이는 여기에서 그치지 않는다. 아저씨는 어떤 방법으로도 존칭이 될 수 없다. 아저씨의 '씨' 가 존칭 접미어라 그렇다고 생각할 수도 있겠지만, 필자는 그렇게 생각하지 않는다('4장, 현명한 딸' 참조). 또한 아저씨님이란 말도 없다. 오히려 아재, 아재비 등으로 속되게 이르는 낱말이 있을 뿐이다. 반면에 아주머니는 다르다. 물론 아줌마라는 평어도 존재한다. 그러나 더욱 가까움을 느끼게 해주는 낱말이다. 또한 아주머님이라는 존칭어가 어머님과 짝을 이뤄 쓰인다. 결국 아저씨는 그저 아저씨로 그칠 뿐이지만, 어머니가 어머님이 되듯이 아주머니는 아주머님으로 높여 불리는 이유는 바로 이 세상의 모든 여자가 어머니와 동격이라는 우리 의식을 그대로 반영하고 있다고 봐도 무리가 없을 것이다.

8. 갈대 같은 여자

가을이 한창일 때 자동차를 타고 시골길을 달리다 보면, 바람에 하얀 머리를 가을바람에 흐느적거리는 갈대를 만날 수 있다. '인간은 생각하는 갈대다' 라는 파스칼의 경구가 떠오르지만, 갈대를 유심히 보면 그가 말했던 의도와 다르다는 것을 알 수 있다. 갈대는 결코 약하지 않다. 그저 약하게 보일 뿐이다. 갈대가 흔들리는 모습에서 어머니의 그림자가 떠오른다.

지조와 정절

갈대는 '갈+대' 로 만들어진 낱말이다. 우선 '대' 는 막대 등에서 쓰인 '대' 와 같은 것으로 해석하는 것이 일반적이지만, 올바른 판단으로 생각되지 않는다. 오히려 우리가 대나무라 일컫는 '대' 와

같은 것이라는 생각이 더 옳은 듯하다. 갈대를 잘 살펴보면 대나무
처럼 마디가 있다. 차이가 있다면 대나무보다 가늘다는 것 정도다.
만약 이런 추론이 옳다면 갈대 역시 대나무와 마찬가지로 지조와
정절을 상징할 수 있다.

　다음으로 '갈'은 '가늘다'에서 왔다고 한다. 또한 '갈'은 '작다'
는 뜻을 갖기도 한다. 따라서 갈대는 '가늘고 작은 대나무'로 해석
될 수 있다. 가늘고 작다는 점에서 대나무와 구별될 뿐이다.

　'여자의 마음은 갈대와 같다'는 말이 있다. 갈대가 바람에 따라
이리저리 흔들리는 모양을 보고, 여자가 뚜렷한 주관이 없어 쉽사
리 마음을 결정하지 못하는 것을 비아냥거리는 말이다. 그러나 여
자의 마음을 갈대에 비유한 것은 이 책에서 여자에게 바라는 것과
너무도 부합된다. 다시 말해서 여자를 주관도, 신념도 없는 존재로
비하시키는 뜻으로는 결코 갈대와 비유할 수 없다는 뜻이다. 따라
서 '여자의 마음은 갈대와 같다'는 말도 전혀 다른 뜻으로 해석되
어야 한다. 이렇게 말하는 근거는 바로 앞에서 보았던 갈대라는 낱
말의 분석에서 찾을 수 있다.

　갈대는 일종의 대나무라고 했다. 우리의 의식에서 대나무는 꼿꼿
한 지조와 정절을 상징해주는 원칙주의자의 상징이다. 이런 원칙을
최우선으로 하는 대나무가 필요한 사회가 틀림없이 있지만, 가정이
라는 울타리에서 모두가 그런 대나무가 될 필요는 없다. 누군가는
가족의 푸념을 들어주고, 자신을 죽이고 위로해줄 수 있는 아량을
보여주어야 한다. 갈대가 그런 모습을 상징적으로 보여준다. 나름
대로 분명한 원칙을 가지고 있는 대나무지만, 바람에 따라서 이쪽

저쪽으로 기울여가며 모두의 이야기를 들어주고 다시 원래의 곧은 자세로 되돌아온다. 갈대는 아무리 심한 바람에도 한쪽으로 넘어지지 않는다. 바람이 잦아들면 다시 원래의 자세로 돌아온다. 엄지에서 말했던 것을 갈대에도 그대로 적용할 수 있다. 어머니는 자기의 주장만 내세우지 않는다. 모두의 이야기를 들어주는 아량과 포용력을 보여주는 존재다.

편애가 없는 갈대

가족에게 안락함을 보장해주어야 하는 어머니의 모습이 바로 갈대와 같다. 상처받은 가족의 불평과 푸념에 귀 기울이지만 편애하지 않는다. 열 손가락 깨물어 안 아픈 손가락이 없다고 하듯이, 모두의 말에 귀 기울이고 마음을 베풀지만 특별히 누구에게 편향되지 않는다. 이처럼 가족 모두를 세심하게 배려하는 어머니의 자세는 앞에서 말했던 엄지와도 같은 모습이어야 한다.

갈대는 작다고 했다. 그렇다고 어머니의 위치가 가족 내에서 작다는 것은 아니다. 자신을 낮춘다는 뜻이다. 가늘기 때문에 모두의 말에 귀 기울이고 포용력을 보여주지만, 자신을 작게 만들어 겉으로 드러나지 않는다. 살림살이라는 낱말 그대로, 자신을 낮추면서 가족의 용기를 되살려주는 것이다. 이것이 바로 진정한 어머니의 모습이며, 여자의 모습이다.

그렇지만 갈대는 대나무다. 앞에서도 말했듯이 갈대가 바람에 이리저리 휩쓸리면서도 결국 제자리에 곧게 서는 것처럼, 어머니도 뚜렷한 기준을 가지고 있어야 한다. 생각이 있어야 한다. 시집이란 낱말이 '媤'를 포함하고 있는 것처럼, 생각하는 여자가 되어야 한다. 귀 기울인다고 해서 이쪽에서도 흥, 저쪽에서도 흥이 아니다. 휘어지지만 마디가 있는 대나무와 같이, 분명한 철학을 가지고 가정을 부축해주는 그런 여자여야 한다.

이런 모든 점에서, '여자의 마음은 갈대다'라는 말도 이런 뜻으로 해석되어야 마땅하다. 부처의 눈에는 부처만이 보이고, 돼지 눈에는 돼지만 보인다는 무학대사와 이성계의 한담에서처럼, 세상의 모든 것을 부처의 눈으로 본다면 여자의 문제를 해결하기란 한결 쉬워질 것이다.

맺음말

　대중가요를 보자. 요즘 젊은 가수들이 불러대는 그런 가요는 접어두자. 일제 시대부터 우리의 아픈 가슴을 달래주고, 광복을 맞아 그 기쁨을 같이 노래해주었던 트롯 계열의 가요에서 그 노랫말을 곰곰이 씹어보자. 대부분의 주제가 사랑이다. 그러나 사랑이란 주제에 못지않게 어머니를 그리고 있다. 나라를 빼앗기고 타국으로 망명한 사람들의 마음에서 어머니를 부르고, 포화가 빗발치는 전쟁터에서도 어머니를 잊지 않는다. 심지어는 분단으로 가로막힌 휴전선 너머의 어머니를 울부짖으며 노래하는 가수도 있다.

　이렇게 어머니는 언제, 어디에서나 우리 곁을 떠나지 않는다. 그 이유는 지금까지 살펴본 그대로다. 어머니의 어금니로 멸치를 씹어 가루로 만들어 삼키토록 해주었고, 행여나 잘못될까 회초리를 들었지만 그 회초리는 언제나 일정한 원칙을 가진 사랑의 매였다. 어렸을 때는 나보다 다른 형제를 더 사랑하는 것처럼 보였던 갈대와도 같은 모습이 온 가족을 배려하려는 어머니의 힘겨운 헌신이었음을 알았다. 그런 속에서도 아버지를 도와 묵묵히 뒤에서 수레를 밀던 어머니다. 그러나 어머니는 결코 대가를 요구하지 않았다. 마치 하나의 울타리에 용해되어버린 형체 없는 존재처럼 우리에게 '나'보다는 '우리'를 먼저 생각하도록 몸소 가르쳐주신 분이다. 성경이나 모든 종교 서적에 써 있듯이, 사랑이란 주변을 살피는 것이라는 진리를 몸소 터득한 분이다. 바로 이런 모습을 우리는 어머니와 관련된 낱말들에서 찾았다.

3장
오목한 아내

남자의 가장 좋은 재산은 동정심 많은 아내다.
아내는 젊은 남자에게는 여주인공이고,
중년의 남자에게는 벗이요,
노인에게는 간호사다.

아내를 낱말 그대로 분석하면 '안 + 나히'다. 집안에 있도록 태어난 사람이란 뜻이다. 그러나 우리의 아내는 집안에 있지만 보릿자루처럼 가만히 있지 않는다. 아내는 항상 남편 곁을 지킨다. 세상을 지배하는 것은 남자지만, 그 남자를 지배하는 것은 여자라는 명언을 누구나 기억하고, 재미있다. 이 말은 그저 우스갯소리로 넘길 것이 아니며, 여자의 교활함을 말하는 것은 더욱 아니다.

우리의 아내는 집안의 기둥이다. 주인공으로서 가정의 흐름을 이끌어간다. 밥을 짓고, 옷을 짓는다. 그들의 행위는 결코 무가치한 것이 아니다. 창조적이고 철학이 담긴 행위다. 예부터 현모양처라 했다. 양처란 뜻을 깊이 생각해본 적이 있는가? 이제 그 양처의 진정한 모습을 찾아서 아내를 향한 낱말 여행을 시작한다. 그 낱말 풀이에서 우리는 결코 여성학계에서 말하는 아내의 모습을 찾을 수 없다. 위대한 어머니이듯이, 위대한 아내일 뿐이다.

1. 짝, 현모양처

남편과 자식의 기운을 되살려주는 것이 바로 가정을 지키는 여자의 역할이며, 그런 역할은 바로 '살림살이'란 단어에 집약되어 있다. 따라서 아내라는 낱말을 한마디로 요약하면, 살림살이를 하는 여자가 된다.

그럼 '살림살이'를 맡은 여자를 좀더 고상하게(?), 물론 한자어지만, 우리 생각에 좀더 고상하게 표현해준다고 여겨지는 낱말은 무엇일까? 바로 현모양처賢母良妻다. 그런 까닭인지는 확실하지 않아도, 60~70년대에 여자에게 장래희망에 대해 물어보면, 현모양처가 단연 1위였다고 한다. 현모양처란 현명한 어머니, 착한 아내라는 뜻이다. 어머니의 현명함에 대해서는 이미 앞장에서 살펴보았다. 이제 양처를 중심으로 생각해보자. 가장 첫머리에 강조해두고자 하는 것은 양처를 착하다는 뜻에 국한시켜 모든 것을 인종하며 견디는 수동적 아내라는 뜻으로 생각해서는 안 된다는 것이다. 지금까지 그렇게 생각했기에 여자의 역할을 의존적인 것에 한정시켰고, 그것이 여자는 차별받는 존재라는 생각을 갖는 원인이 되었기 때문이다.

이제 양처에서 다른 뜻을 찾아보자. 양식良識, 양심良心이란 단어들이 있다. 이때 모든 낱말이 같은 '양良'을 쓴다. 이때의 '양良'은 '마땅히 가져야 할 건전한'이란 뜻이다. 그렇다면 양처란 착한 아내를 넘어서서, '인간으로서 건전한 상식을 가지고 마땅하게 해야 할 것을 행하는 아내'라는 뜻이 된다. 그럼 아내로서 마땅히 해야 할 행동이란 무엇일까? 바로 남편을 살리는 살림이다. 살림은 무작정 착한 아내와 같이 수동적인 아내의 역할이 아니다. 남편이 가정을 올바로 이끌어가도록 뒤에서 밀어주고 용기를 북돋워주는 것이 적극적인 아내의 역할이다.

고장난명

그래서 우리는 남편과 아내가 서로에게 반려자이고 짝이라 한다. 짝이란 단어는 무슨 뜻일까? 고장난명孤掌難鳴이란 고사성어를 생각해보자. 손바닥 하나로는 소리가 나지 않는다는 뜻이다. 물론 이 고사성어는 맞서는 이가 없으면 싸움이 되지 않는다는 것이 원래 뜻이지만, 우리는 손바닥 하나로는 소리를 내지 못한다는 뜻으로 받아들인다. 소리가 만들어지기 위해서는 두 손바닥이 맞닿아야 한다. 그때 어떤 소리가 나는가? 우리는 그 소리를 어떻게 표현하는가? 바로 '짝' 이다. 즉, 남자와 여자는 서로 합해져 '짝' 이란 소리를 내기 위한 서로의 '짝' 이다. 그럼 '짝' 을 이루는 둘은 수학적으로 말해서 합동이어야만 하는가? 다시 말해서 완전한 평등을 이루어야 하는가? 우리 조상들은 그렇게 생각하지 않았다. 우리가 사용하는 낱말에서 증명된다. 짝귀, 짝눈, 짝신 등에서 보듯이 '짝' 은 크기가 다른 경우를 가리키고 있다. 그렇다. 우리 조상들은 교묘하게 '짝' 이란 단어를 사용하면서, 짝을 이루는 남녀가 약간의 차이가 있기를 원했다. 그리고 차이가 있어야만 원만함이 완성될 수 있음을 가르쳐주었다.

홀수와 짝수

그럼 누가 주가 되고, 누가 종이 되어야 하는가? 주종이란 표현을 쓴다고 해서, 주인과 종의 뜻으로 받아들여서는 안 된다. 경우에 따라서 '누가 더 많은 책임을 져야 하는가' 라는 뜻에서 주고, '떠받쳐준다' 는 적극적 역할에서의 종이다. 우리는 그 대답도 '짝' 이란 단어에서 찾을 수 있다. 바로 '짝수' 란 단어다. 짝수란 음양적 측면에서 음이다. 즉 여자를 상징한다. 짝수와 상대를 이루는 낱말은 홀수다. 홀수는 당연히 남자를 상징한다. 홀수란 홀로 존재할 수 있는 수를 의미한다. 짝수란 짝과 더불어 같이 있는 수, 혹은 짝을 이루는 수라는 뜻이다. 혼자서는 존재할 수 없는 수다. 여자에게는 기분 나쁜 말이 아닐 수 없다. 그러나 이런 이름 부여는 앞에서 언급했던 수레의 논리와 비교해봐도 너무나 신기하게 들어맞는다. 남자는 앞에서 끌고, 여자는 뒤에서 밀어준다고 했다. 수레를 혼자 앞에서 끌고 갈 수는 있다. 그러나 끌지 않고 밀기만 해서는 갈 수 없다. 방향이 제대로 잡히지 않기 때문이다. 홀로 존재할 수 있다는 홀수는 남자고, 짝과 더불어 같이 있어야 한다는 짝수는 여자라는 상징이 수레의 경우와 너무도 잘 들어맞는다. 수레를 앞에서 혼자 끌고 갈 수는 있지만, 많은 힘이 필요하다. 만약 뒤에서 누가 조금만 밀어준다면, 그 힘이 훨씬 덜어진다. 앞뒤 두 사람의 물리적인 힘을 합한 것보다 훨씬 높은 에너지를 창출해낼 수 있다. 우리의 옛 어른들은 이런 역할을 누군가 해주기 바랐다. 바로 아내에게서 그런 역할을 기대했던 것이다.

이처럼 여자를 상징하는 짝수라는 낱말에서도 우리는 수레를 뒤에서 밀어주는 역할, 앞에서 수레를 끌고 가는 남자의 힘을 넣어주려는 여자의 양처로서의 역할을 발견할 수 있다.

2. 우리 마누라

　아마도 아내를 비하해서 낱말 중에서 가장 보편적으로 쓰이는 낱말은 '마누라'일 것이다. 물론 여편네도 있지만, 이 낱말에서는 어떤 역할의 분담을 찾을 수 없다. 단지 남자에게 주어진 '남편'이란 호칭에 대응되는 개념 '여편'에 복수를 뜻하는 '네'가 덧붙여진 낱말일 뿐이다. 아마도 첩을 맞이할 수 있던 시대에 본부인과 첩을 모두 칭하던 낱말이 이제 와서 한 명의 아내만을 칭하는 낱말로 전이된 것이 아닌가 생각된다. 따라서 여편네는 결코 시대 상황에 어울리는 낱말이 아니며, 이 낱말에서 우리가 아내에게 기대할 수 있는 바를 추론해내기란 불가능하다.

　'마누라'는 지금도 쓰이는 말이다. 게다가 지금은 '내 마누라'라고 말하지만, 얼마 전까지만 해도 우리는 자연스럽게 '우리 마누

라' 라고 말했다. '내 마누라' 에 비해 '우리 마누라' 에는 아내에 대
한 멸시보다는 정다움이 서려 있음을 느낀다. 어떻게 그런 차이가
나타나는 것일까? 이제 그 이유를 알아보자. 물론 여기에서 우리가
생각해볼 점은 두 가지다. '우리' 라는 낱말과 '마누라' 라는 낱말
이다.

나 < 우리

먼저 우리라는 말을 보자. 언제부턴가 우리는 '우리' 라는 낱말을
영어의 'We(I의 복수)' 로 생각한다. 이런 생각에서는 'I' 가 없으면
'We' 가 없는 셈이다. 따라서 '나' 는 '우리' 의 중심이 되어야 한다.
이것은 영어식 정의고 서구식 사고방식일 뿐이다.

우리나라 사람에게 주어진 본연의 뜻에서 '우리' 는 결코 그런 것
이 아니다. 원래 '우리' 라는 뜻은 무엇일까? MBC-TV의 한 코미
디 프로그램에 '울엄마' 라는 코너가 있었다. 이때의 '울' 이 바로
'우리' 다. 다시 말해서, 우리는 '울' 이다. 그리고 울은 울타리다. 결
국 우리란 같은 울타리 속에 있는 공동체를 가리킨다. 여기에서
'나' 는 없다. 아니, 없다기보다는 공동체 내에서 희석되고 용해되
어 있다. 이 때문에 예부터 우리는 '나' 보다 '우리' 를 앞세웠다.
그래서 내 집이 아니라 우리 집, 내 엄마가 아니라 우리 엄마였다.

그런데 언제부턴가 '우리' 보다는 '나' 라는 개념이 우리를 지배하
고 있다. 내 새끼만 소중하고, 내 새끼는 남들과 달라야 한다고 생
각하는 사고방식, 사교육비가 공교육비를 초월하는 이상 현상도 결
국 '우리' 에 앞서는 '나' 를 생각해서인지도 모르겠다. 이런 서구식

女子

사고방식은 우리의 미풍을 앗아가버렸다. 그렇다고 각자의 개성을 최대한 존중해주는 것도 아니다. 옆집 아이가 어릴 때부터 학원에 다니고, 학습지를 하기 때문에, 그들에게 뒤처지지 않도록 내 자식도 학원에 보내고 학습지를 시킨다. 어느 분야에 능력이 있는지 따져보지 않고 모두가 피아노 학원에 보내고, 피아노가 흔해지니 바이올린이나 클라리넷을 가르친다. '나'를 중시하기는 하지만, 개성보다는 뒤처지지 않으려는 허욕만 있을 뿐이다. 이런 풍조는 '나'보다 '우리'를 생각했던 미풍을 잊게 만들었을 뿐이다. 그런 까닭에 '우리'라고 하면 나만의 것이 아니라 공동의 소유가 되어버린다고 생각한다. 하지만 아직 '우리 집', '우리 엄마' 등과 같은 어법이 사라지고 있지 않는 것으로도 천만다행이 아닐 수 없다. 그런 표현법에서 '나'보다 공동체를 우선으로 여기려는 의식이 우리에게 아직 남아 있다고 볼 수 있기 때문이다.

내 마누라가 아니다

우리 마누라를 내 마누라라고 좁혀서 말하면 '마누라'가 지닌 원래의 의미를 상실한다. 아내를 허물없이 이르는 낱말이라기보다는 오히려 낮추어 칭하는 낱말이 되는 것이다. 그러나 마누라가 지닌 본연의 뜻을 알면, 왜 내 마누라가 아닌 우리 마누라라 칭해야 하는지 이해할 수 있음은 물론, 마누라는 결코 얕잡아 표현하는 비속어가 아님을 깨달을 수 있다.

그럼 마누라라는 낱말이 지닌 본연의 뜻을 찾아보자. 마누라의 올바른 발음은 '마 : 누라'다. 즉 '마'가 장음으로 발음된다. '마누라' 는 '마+누라' 로 분석되고, 영감에 대립되는 말로 대비 마노라, 대전 마노라 등에서 보듯이 '마노라' 가 어원이며, '마노라' 는 다시 '만+오라' 로 분석된다. 물론 이때 '만' 은 'ㅁ' 에서 왔다. 'ㅁ' 은 맏형, 맏누리, 맏며느리 등에서 보듯이, '으뜸' 이란 의미다. 한편 '오라' 는 '오래' 에서 온 것으로 '대문' 을 가리키는 옛말이다. '대문' 이란 '집' 을 상징적으로 표현하는 말이다. 과거에 머리에 쓰던 사각모가 대학생을 상징했던 것과 같다. 이제 '으뜸' 의 'ㅁ' 과 '집' 을 뜻하는 '오라' 를 결합해보자. '집에서 으뜸가는 이' 다. 집과 대문이란 무엇인가? 바로 울타리고, 울타리로 들어가는 입구다. 마누라라는 낱말에 울타리라는 뜻이 담겨 있는 것이다. 그런데 어떻게 내 마누라가 될 수 있겠는가? 마누라는 어쩔 수 없이 우리 마누라여야 한다. 남편 한 사람의 소유가 아니라, 남편을 비롯한 모든 가솔들을 위해서 집안의 대소사를 앞장서서 챙겨주는 데 으뜸가는 책임을 맡은 여인이다.

그러나 착각은 금물이다. 집안의 으뜸이라 해서, 남편 위에 군림하지는 않는다. 예부터 남자는 바깥양반이라 했다. 마누라는 남편이 집을 비운 사이에 그를 대신해서, 가장 으뜸 되는 자리에서 집안을 이끌어가는 어른인 셈이다. 앞에서 말했듯이 짝이다. 수레를 뒤에서 미는 힘이 너무 강하면, 수레는 방향을 잡지 못한다. 그 힘이 결코 앞에서 끌고 가는 힘을 넘어서는 안 된다.

3. 오목과 볼록

　이번에는 오목과 볼록이란 낱말을 여자와 남자와 연결시켜 생각
해보기로 한다. 오목은 여자를, 볼록은 남자를 상징한다. 의문이 생
기면 요철凹凸이란 한자어를 생각해보자. 이 한자어가 무엇을 상징
하는지는 잘 알 것이다. 바로 남자와 여자의 성기를 상징하고 있음
을 쉽게 짐작할 수 있다.

　그렇다면 여자는 오목이다. 그것이 무엇을 의미하는가? 우리는
오목에서 두 가지 의미를 찾는다. 오목이 상징하는 의미에서 여자
가 지녀야 할 자세와 여자의 역할을 찾아볼 수 있다. 먼저 여자는
어떤 자세를 가져야 하는지 찾아보자. 우리는 그 해답을 오목이 갖
는 형상에서 찾을 수 있다.

오목의 자세

오목은 그 모양이 볼록과 너무도 상반된 모습이다. 볼록을 완전히 뒤집어놓은 모양이다. 그 때문에 무엇을 넣어도 떨어지지 않을 것 같다. 무엇이든 담고 있을 듯한 모습이다. 다시 말해서 여자는 무엇이나 수용하는 자세를 가질 수 있어야 한다. 앞에서 우리는 마누라라는 낱말을 집안에서 으뜸가는 존재라 해석했다. 이처럼 집안일을 주도해가는 위치에서 여자가 지녀야 할 포용력을 상징한다. 그렇다. 여자에게는 포용력이 있기를 바랐다. 과거에 '밴댕이 속아지'라고 경멸스레 여자를 표현했던 속담과는 상반된다. 여자에게서 커다란 포용력을 기대했는데, 그런 바람에 미치지 못하기 때문에 비꼬아 표현한 말일 수도 있다. 피곤에 지친 남편과 배고파 돌아오는 아들, 딸들을 반갑게 맞아주고, 편안하게 해주기 위해서 바다와 같은 포용력을 지녀야 한다. 그것이 바로 오목이란 형상이 여자에게 전해주는 깊은 뜻이다. 여자에게 무조건 이런 포용력을 강요하는 것은 보이지 않는 압력일 수도 있다. 그렇다면 남자는 자신을 희생하는 여자를 위해서 어떻게 해주어야 하는가?

오목의 역할

위의 질문에 답하기 전에, 오목에서 찾을 수 있는 여자의 역할이 무엇인지 알아보자. 학교 다닐 때, 오목렌즈의 기능을 배웠을 것이다. 오목렌즈는 볼록렌즈와 달리 들어온 빛을 확산시킨다. 여기에서 우리는 여자의 역할이 무엇인지 알 수 있다. 오목렌즈와 같은 역할이다. 오목렌즈가 집이라 하면, 집에 들어온 남편과 자식은 오목렌즈로 들어온 빛이다. 오목렌즈는 빛을 확산시킨다고 했다. '살림살이'라는 낱말에서 살펴본 것처럼 지쳐서 집에 들어온 남편과 자식에게 다시 기운을 돋워서 사회로 힘차게 뛰어나가도록 하는 것이 바로 여자의 역할이다.

이제 앞의 질문에 대한 답을 찾을 수 있다. 남자는 볼록이라고 했다. 따라서 볼록렌즈에 비유된다. 볼록렌즈의 역할에서 남자의 역할을 찾을 수 있다. 오목렌즈는 빛을 확산시키는 데 반해, 볼록렌즈는 빛을 수렴한다. 수렴이란 현상에서 우리는 남자의 역할을 찾을 수 있다. 밖에서 일하던 남자는 집으로 돌아온다. 남자의 모든 행동은 가정으로 수렴되어야 한다. 왜 돈을 벌어야 하는가? 왜 밖에서 고생해야 하는가? 듣기 좋은 대로 자아실현이라는 철학적 희롱을 떠나서, 자신과 아내 그리고 자식들과 잘 살기 위해 고생하는 것이다. 우리는 수신제가치국평천하修身齊家治國平天下라는 말을 알고 있다. 가정이 다스려진 다음에야 애국이 있고, 세계 경영이 있는 법이다. 그렇다면 이렇게 반발할 수 있을 것이다. '제가' 이전에 '수신'이 있으며, '수신'이란 결국 '자아실현'이 아닌가라고 말이다. 그렇지 않다. 수신은 오목렌즈와 같은 여자, 볼록렌즈와 같은 남자가 되기 위한 스스로의 다스림일 뿐이다.

이처럼 여자가 가정에서 하는 역할은 단순한 것이 아니다. 가족을 위해서 어떻게 해야 하는가 많은 생각이 필요한 위치다. 그저 단순히 밥이나 하고, 세탁기와 청소기만 돌려대는 그런 역할이 아니다. 오히려 소위 직장 여성이라는 여자보다 정신적 노동이 필요한 위치에 있다. 어찌 이런 여자들, 즉 가정을 굳건히 지키는 여자들을

시대에 뒤떨어진 여성이라고 매도할 수 있단 말인가? 내 눈엔 직장
여성도 보다 가정을 지키는 우리 살림꾼 엄마들이 훨씬 아름다워
보인다.

4. 허리 같은 여자

월드컵 열기가 온 나라를 뜨겁게 만들었다. 스포츠, 특히 축구가 온 국민을 하나로 뭉치게 하는 원동력이 될 수 있다는 사실을 새삼 깨닫는다. 또한 축구를 보면서, 11명의 선수가 각자 제 역할에 충실해야만 승리할 수 있다는 사실도 깨닫는다. 동시에 득점은 뛰어난 선수 혼자서 만드는 것이 아니라는 사실도 깨닫는다. 누군가의 도움이 있어야 한다. 도움을 주기로 역할을 맡은 선수가 있고, 득점하기로 역할을 맡은 선수가 있다. 물론 어느 선수나 경기의 꽃인 득점을 할 수 있다. 그러나 각자에게 주어진 위치와 역할은 따로 있다. 모두가 홍명보가 될 수는 없는 법이다. 모두가 홍명보가 되려 한다면, 그 경기는 패배로 끝날 수밖에 없다. 이와 같은 논리는 가정에서도 마찬가지다. 가정을 구성하는 가족에게는 각자 주어진 기본

역할이 있다. 그 기본 역할에 충실하면서 다른 일도 할 수 있는 것
이다. 그러나 기본으로 주어진 역할이 무시될 때, 그 가정은 결코
행복하지 못하다. 축구에서 전술의 변화에 따라 포지션이 달라지듯
이, 가정에서도 역할의 재배치가 가능하다. 그러나 골키퍼가 골문
을 박차고 나올 수 없듯이, 변화는 기본적인 틀 안에서 이뤄져야 한
다. 이런 논리를 지금까지 우리가 예시한 수레에 비교해보자. 모두
가 수레를 앞에서 끌려 한다면 그 수레는 제 방향을 찾아가지 못할
것이란 사실은 어린아이조차도 알고 있다.

축구 중계방송을 볼 때 해설자의 설명에서 유난히 귀를 울리는
말이 있다. 축구는 허리 싸움이라는 것이다. 그렇다. 우리 신체에서
어느 것 하나 중요하지 않은 부분이 없지만, 허리는 상체와 하체를
이어주는 중간자로서 그 중요성은 아무리 강조해도 지나치지 않을
것이다. 그럼 가정의 운용에서 허리는 누구일까?

중요한 허리

한자에 '종요로울 요要'가 있다. 반드시 필요하다는 뜻이다. 그런
데 이 한자는 '허리'를 뜻하기도 한다. 원래 허리를 뜻하는 '요腰'
도 '要'와 마찬가지로 '女'를 포함하고 있다. '要←襾(덮다)+女'로
분석된다는 점에서 사람의 허리는 곧 '여자'와 비견되었다고 말하
지 않을 수 없다. 앞에서도 말했듯이 허리는 가장 중요한 부분이다.
그런 뜻을 지닌 '要'가 '女'를 포함하고 있다는 사실은 여자의 중요
성을 새삼 강조하고 있는 것으로 받아들여야 마땅하다.

가정의 허리와도 같은 존재로 여겨지는 여자는 어떤 식으로 가정

女子

을 이끌어가야 할까? 다음의 두 한자를 분석해봄으로써, 여자를 가정의 허리로 표현했던 이유를 다시 한번 확인해볼 수 있다.

요要＝important(중요한), request(요청하다)
요嘤＝chirp(벌레 소리, 지저귀는 소리)

먼저 요즘 아이들이 가지고 노는 '요요'라는 장난감을 보자. 뭐라고 분명하게 글로 표현하기 힘든 소리가 나지만 귀를 거슬리게 만드는 소리는 아니다. 이 장난감 이름인 '요요'를 한자로 '嘤嘤'라 쓰인다. 벌레 소리라는 뜻이다. 이 소리는 영어로 chirp라 표현된다. 벌레 소리는 물론 새가 지저귀는 소리까지 포함한다. 벌레 소리든 새 소리든 그들의 소리는 감미롭다. 가을 밤의 귀뚜라미 소리가 언짢게 들린 적이 있는가? 참새나 제비가 지저귀는 소리가 거슬린 경우가 있는가? 이런 소리를 들으면 우리는 감상에 젖는다. 무언가 옛 기억에 잠기도록 여유를 주는 소리다. 우리 옛 어른들은 가정에서 여자의 소리를 이렇게 보았다. '여자 목소리가 담을 넘어서는 안 된다'는 속담을 속박의 개념으로 볼 필요는 없다. 오히려 가정을 이끌어가는 여자의 부드러운 목소리를 묘사한 것으로 생각한다. 큰소리로 꾸짖기보다는 부드럽고 감미로운 목소리로 설득하여, 이전의 충실했던 모습으로 돌아갈 수 있기를 원한다. 절대 큰소리로 강요하지 않는다. 벌레 소리가 우리를 감상에 젖게 하듯, 여자의 작은 목소리는 우리를 되돌아보게 만든다. 무엇이 잘못되었는지 스스로 생각하게 만든다. 우리는 여기에서 여자의 현명함을 또다시 발견하게 된다.

이제 '要'를 보자. '중요한' 것이란 뜻이다. 남자에게 중요한 존재라는 뜻이다. 모든 남자, 특히 같이 가정을 꾸려가는 남자에게 없어서는 안 될 존재라는 뜻이다. 결코 노예는 중요하지 않다. 여성계에서 주장하듯 여자가 남자의 부속물에 불과하다면, 절대 중요한 존재가 아니다. 액세서리는 언제든지 다른 것으로 바꿀 수 있다. 그렇다면 여자는 가정에 없어서는 안 될 중요한 존재라고 말하는 것은 왜일까? '女'의 부석을 보면 '덮다'는 뜻이 있다. '감춰준다'는 뜻일 수도 있다. 즉, 여자는 가정의 허물을 덮어주는 사람이다. 그러나 무작정 덮어주지는 않는다. 덮어주면서, 잘못을 뉘우칠 수 있도록 작은 목소리로 경고를 잊지 않는다. 이처럼 사리 판단이 분명하고 현명한 여자인 것이다. 그러기 위해서는 오목한 그릇처럼 관대함이 있어야 한다. 여자, 특히 아내에게는 모든 고민을 털어놓을 수 있는 그런 포용력이 있어야 한다. 우리의 옛 어른들은 여자에게서 이런 모습을 보았다. 그래서 '중요한 것'이란 한자에서 '여자'를 찾았던 것이다.

우리 몸에서 허리가 중요하다는 것은 누구나 아는 사실이다. 이제 그 허리를 한자로 표현할 때, '女'를 기초로 하여 '腰'가 만들어졌다는 것은 당연하게 여겨진다. 여자는 우리 가정의 허리다. 이런 허리와 같은 여자를 단지 주부라는 이름으로 무능하다고 말할 수 있겠는가? 우리의 가정을 허리처럼 튼튼하게 받쳐주는 여자는 우리 사회를 떠받쳐주는 허리이기도 하다는 사실을 간과해서는 안 될 것이다.

5. 며느리와 제사

　앞에서 짝이란 낱말을 통해 남자에 대한 여자의 역할을 살펴보았
다. 여기에서는 여자가 성장해서 혼인을 하면, 피할 수 없는 며느리
라는 위치에 대해 알아보기로 한다. 개념적으로 며느리의 상대는
남편이 아니다. 그 윗사람이다. 아내는 내 옆사람이지만, 며느리는
그 범위를 넘어선다. 며느리는 내 아버지와 어머니의 며느리다. 아
내가 며느리로 변해가는 이유는 무엇일까?

　며느리는 '며＋느리' 로 분석된다. 여기에서 '며' 는 '뫼' 다. '뫼'
란 무슨 뜻인가? 바로 높은 어른에게 올리는 밥을 뜻한다. 또한 '느
리' 는 '나르다' 라는 동사에서 왔다. 즉, '나르는 이' 가 '느리' 가 되
었다. 결국 며느리란 '어른, 물론 시아버지와 시어머니에게 올리는
밥을 지어서 나르는 사람' 이 된다. 이 정도에서 그치면 '며느리' 란

시어머니가 부엌에서 벗어나기 위해, 아들을 빙자해서 대신 집안으로 끌고 들어온 존재에 지나지 않는다. 또한 이런 해석은 여성운동을 하는 분들에게 지독한 공격의 대상이 될 수밖에 없는 해석이기도 하다.

며느리는 밥순이가 아니다

그러나 다시 한번 생각해보자. 며느리는 주부이기도 하다. 필자는 주부란 살림을 담당하는, 정신적 역할이 막대한 존재라고 말했다. 그렇다면 며느리는 단순히 시부모에게 밥을 지어서 가져다 드리는 부엌데기의 역할에 한정되지 않는다. '뫼'라는 의미를 다시 생각해보자. '태산이 높다 하되 하늘 아래 뫼이로다…'는 시조를 알고 있다. 이때, 뫼는 산이다. 멧돼지를 묏돼지라고 하는 경우를 생각해보고, 멧돼지가 산돼지라는 것을 안다면, 뫼가 산이라는 것은 쉽게 이해가 된다. 그런데 뫼는 또 묘다. 그래서 묘는 산에 있는 법이다. '뫼'라는 하나의 낱말에서 여러 가지 뜻이 만들어지지만, 모두 연결되어 있다. 그럼 산과 묘를 뜻하는 '뫼'가 어떻게 어른들에 대한 밥으로까지 발전했을까? 간단하다. 제사상에 올리는 밥을 생각해보자. 그때 밥을 어떤 식으로 푸는가? 마치 산봉우리가 우뚝 솟아 있는 모습이다. 그래서 우리는 제사상에 올리는 밥을 젯밥 혹은 묏밥이라고 한다. 그럼 며느리의 뜻은 묏밥을 지어 나르는 여자가 된다. 여기서 우리는 며느리가 단순히 밥을 짓는 부엌데기가 아니라는 사실을 확인할 수 있다.

묏밥은 주인공이다

어떻게? 우선 제사상에서 묏밥이 차지하는 위치를 생각해보자. 밥이 올라가지 않으면 제사는 끝이 나지 않는다. 적어도 필자가 알기에 제사상을 차릴 때, 밥은 가장 나중에 올라가는 것이다. 가장 나중에 올라간다는 것이 어떤 의미를 갖는가? 주인공은 가장 나중에 등장하는 법이다. 가요 순위 프로그램에서 1등을 한 가수, 과거에 엘레지의 여왕 이미지, 가요계의 황제 조용필은 마지막에 등장해서 그 프로그램을 멋지게 마무리했다. 그렇다. 며느리가 짓는 밥은 제사상의 마지막을, 제사의 대미를 장식한다. 며느리가 짓는 밥이 없으면 제사는 끝나지 않는다. 결국 며느리란 우리의 삶에서 많은 부분을 차지하는 제사에서 가장 중요한 역할을 한다. 거꾸로 말하면 한 집안에서 가장 중요한 행사인 제사, 그 제사에서 가장 중요한 부분인 젯밥, 이처럼 중요한 것 중의 중요한 역할을 담당해달라고 해서 새로 들인 여자에게 며느리란 이름을 붙여주었다. 그저 젯밥이나 지으라고 들여온 여자가 결코 아니다.

며느리는 큐레이터다

큐레이터란 전시회나 박물관 등에서 물건을 배치하는 사람이다. 그의 손에 따라 전체적인 조화가 만들어진다. 그리고 전시회가 성공적으로 끝나도록 밑받침해주는 사람이다. 며느리는 제사상을 차리는 큐레이터라 할 수 있다.

그러나 착각해서는 안 될 것이 하나 있다. 큐레이터와 며느리의 역할이 중요하기는 하지만, 전시회나 제사에서 가장 중요한 부분은 아니라는 점이다. 며느리가 지은 밥을 제사상에 올리는 역할은 남자의 몫이다. 그러나 제주인 남자도 며느리가 지어주는 밥이 없으면 제사를 끝맺을 수 없다. 며느리는 남자가 그런 역할을 할 수 있도록 밑바탕을 마련해주는 존재다. 결국 며느리는 여자가 수레를 뒤에서 밀어주듯, 뒤에서 밀어주는 역할이다. 어디에도 비견할 수는 없는 소중한 역할이다.

하나 더 생각해보자. 결혼하지 않은 여자들에게 장남은 기피의 대상이다. 시부모를 모셔야 한다는 부담감 때문이다. 그러나 여자는 결혼을 하면서 장남에게 시집가든, 막내에게 시집가든 며느리가 된다. 적어도 우리가 지금까지 살펴본 며느리란 낱말에서는 어른에게 밥을 지어 올리는 역할을 꼭 맏며느리에게 국한하지는 않았다. 시부모를 모시는 것을 적어도 우리가 사용하는 낱말 속에서는 반드시 첫째의 몫으로 한정시키지 않았다는 것이다. 더 나아가 제사상을 마련하는 역할, 제사상의 대미를 장식하는 묏밥을 나르는 역할이 맏며느리에게 국한된 것은 아니다. 모든 여자들에게 주어진 역할이다. 이제 그 역할을 놓고 왈가왈부할 이유가 없다. 그 역할로 여자의 숙명을 쑥덕거릴 이유도 없다. 며느리라는 낱말 속에 숨겨진 뜻, 우리 문화에서 너무도 중요한 위치를 차지하는 제사에서 며느리가 맡은 역할을 단순히 물리적인 차원에서 해석하지 않을 때, 며느리가 지닌 진정한 의미를 알게 될 것이다.

6. '짓다'의 개념에 대해서

앞에서 며느리는 젯밥을 지어, 제사상의 마지막을 장식하는 막중한 역할을 담당하는 여자라고 말했다. '젯밥을 짓다'고 말했듯이 이제 밥을 '짓다'고 할 때, '짓다'에 담긴 뜻을 알아보기로 하자. 우리는 일반적으로 남자의 일은 창조적이어서 보람이 있는 것인 데 반해, 여자의 일은 그저 매일같이 반복되는 단조로운 것이라는 고정관념을 가지고 있다. 이런 고정관념을 고착화시키는 데 여성운동가들의 역할 또한 없지 않다. 하지만 이번 기회에 필자는 이런 식의 사고방식이 얼마나 잘못된 것인지, 다시 말해서 여자가 집안에서 하는 일이 얼마나 숭고한 것인지를 우리가 사용하는 낱말들을 통해서 증명해 보일 것이다.

의식주

우리가 세상을 살아가는 데 반드시 필요한 것이 있다면, 바로 의식주다. 이것만 해결되면 절대적인 관점에서 부러울 것이 없다. 의식주란 바로 옷, 밥, 집이다. 일반적으로 명사의 성격은 함께 쓰이는 동사에서 드러난다. 예를 들어, '밥을 먹다'에서 밥은 먹는 것이며, '물을 마시다'에서 물은 마시는 것임을 알 수 있다. 따라서 옷, 밥, 집도 함께 쓰이는 동사를 통해서, 그것들이 어떤 성격을 가지는지 알 수 있다. 바로 무슨 동사이겠는가? 쉽게 밥부터 보자. '밥을 짓다'라고 한다. 그렇다. 밥은 짓는 것이다. 집은 어떤가? '집을 짓다'라고 한다. 따라서 집도 짓는 것이다. 옷은 어떤가? '옷을 짓는다'라고 한다. 그러므로 옷도 짓는 것이다. 이처럼 우리 생활에서 기본이 되는 세 가지는 모두 짓는 것이다. 이상하게도 의식주 모두가 '짓다'라는 동사와 함께 쓰일 수 있다. 이런 일치를 우연에 불과한 것이라고 말할 수는 없다. 의식주를 칭하는 옷, 밥, 집이 모두 순우리말이고, '짓다' 역시 순 우리말이라는 점을 생각할 때, 우리 조상들이 그 쓰임새를 결합할 때의 고민을 짐작할 수 있다. 그리고 그 세 가지 일에는 아무런 가치의 차이가 없음을 말해주었다.

현대를 살아가는 우리의 의식 속에 옷과 밥을 짓는 것은 여자의 일이고, 집을 짓는 것은 남자의 일이라고 규정되어 있다. 그런데 여자의 일, 즉 옷을 짓고 밥을 짓는 행위는 단순하고 특별한 능력이 없어도 할 수 있는 일이라 생각하며, 집을 짓는 행위는 무언가 창조적인 노동으로 생각하는 경향이 없지 않다. 모두 여성운동권의 노력 탓이다. 그러나 우리말에서는 옷과 밥의 사회적 위치와 집의 사회적 가치를 다르게 보지 않는다. 모두 짓는 것이다. 적어도 우리 조상들은 여자들이 집안에서 하는 밥 짓는 일과 옷 짓는 일을 남자가 온 가족이 편하게 살아갈 공간인 집을 짓는 일과 비교해서 전혀 열등한 것이라 보지 않았다. 동등한 가치를 지니는 것으로 보았다.

이제 우리는 서양의 여성학적 주장을 우리의 상황에 그대로 접목했던 시각에서 벗어나야 할 것이다. 내가 이런 이야기를 할 수 있는 것은 우리가 사용하는 언어가 바로 우리의 의식을 반영한다는 믿음이 있기 때문이다. 그러나 그런 믿음에 외적인 포장, 예를 들어 집을 짓듯 밥을 짓는 것이라는 동등한 개념을 망각한 채-물론 무지일 수도 있다-여자의 일은 남자의 일에 비해서 비창조적인 것이라는 서구적 관념이 덧씌워지면 문제가 발생하는 법이다. 우리가 보고 느끼는 것은 외면적 형태이기 때문이다. 이제부터라도 우리는 여자의 일은 남자의 일에 비해서 결코 열등한 것이 아니라는 사실을 깨달아야 한다.

'짓다'의 의미

'짓다'가 지닌 뜻은 '재료를 이리저리 맞추어 무언가를 만들어내는 일'이다. 그 자체로 창조적 개념이다. 밥을 짓는 일이나 옷을 짓는 일은 모두 창조적인 작업이다. 그래서인지 옷을 전문적으로 짓는 사람인 디자이너를 열망하고, 옛 어머니들이 밥을 언제 지어도 어렵다는 말씀을 했는지도 모르겠다. 전기밥솥이나 가스레인지를 사용해서 밥을 짓는 우리는 옛 어머니들이 직접 불을 때고 불의 세기를 조절하면서 지었던 밥의 창조 과정에서 느꼈던 희열을 모르기

때문에 밥 짓는 일이 열등한 것이라 생각하는지도 모르겠다. 불의
세기와 물의 양에 따라 밥 맛이 결정되는 오묘함을 느껴본다면 밥
짓는 일이 결코 비창조적이고, 무가치하며, 기계적인 작업이 아니
라 정성과 면밀한 계획이 동반되어야 하는 과학적 과정임을 실감할
수 있을 것이다.

농사는 천하의 근본이다. 그래서 식량 자급을 부르짖는다. 식량
이 종속되는 순간, 모든 것을 잃는 것과 같다고 말한다. 그렇다. 농
사는 생명의 근간이다. 그러나 농사는 공장에서처럼 하루아침에 생
산물을 만들어내지 않는다. 꾸준한 인내가 동반되어야 하는 생산활
동이다. '男' 이라는 한자가 뜻하듯이, 농사는 기본적으로 남자의 몫
이다. 그리고 그 농사 역시 '짓는' 것이다. 농사가 지어진 결과를
가지고 여자는 밥을 짓는다. 이처럼 남자와 여자는 떼어놓고 생각
할 수 없다. 요즘 남자들이 벌어오는 돈으로 여자가 알뜰살뜰 살림
하듯이, 남자가 지어놓은 농사를 바탕으로 여자는 밥이라는 결과를
만든다.

사람이 살아가는 데 가장 필요한 것 세 가지 모두가 짓는 것이듯,
생명의 뿌리인 농사도 짓는 것이다. 이렇게 '짓다' 는 개념은 창조
적인 과정임을 다시 한번 말해두며, 남자의 일이라는 집을 짓는 행
위와 여자의 일이라는 옷 짓고 밥짓는 행위는, 모든 것을 초월해서
사람의 생명을 잇게 만드는 농사 '짓는' 행위와 같이 숭고한 것임
을 밝혀둔다. 그리고 우리가 이 세상을 살아가기 위해 반드시 필요
로 하는 세 가지 요소와 농사가 남자와 여자에게 둘씩 나누어져 있
다는 것도 간과해서는 안 될 부분이다.

7. 아내와 계집

우리는 마누라라는 낱말에서 아내는 집안에서 으뜸가는 존재라
는 뜻을 찾아냈다. 이번에는 마누라와 같은 의미를 지니는 것으로
여겨지는 두 개의 다른 낱말을 찾아 그 뜻을 찾아보고, 남자와의 관
계를 살펴보기로 한다.

첫째 '아내' 라는 낱말이다. 아내는 두 가지로 분석할 수 있다. 하
나는 '안＋에' 로 '안에 있는 사람' 이란 뜻이다. 다른 하나는 '안＋
나히' 로 '안에 있도록 태어난 사람' 이란 뜻이다. 둘 다 '안' 이란 뜻
이 담겨 있다. 앞에서 한자어로 '내자內子' 라 했던 것도 같은 의도
에서 쓰인 것이다. 그럼 어디 안인가? 집안이다. 결국 아내는 집안
에 있는 사람이다. 그럼 집안에서 무엇을 해야 하는가? 지금까지 살
펴본 바에 따르면, 식솔을 위한 살림살이를 총괄하는 역할이다.

알뜰한 당신

우리는 '부부' 란 말을 곧잘 '내외' 라고 표현한다. 여자는 안이고, 남자는 바깥이란 뜻이다. 여자는 집안을 책임지고, 남자는 바깥 일을 책임지라는 의미다. 여기에서 '내외' 란 낱말을 분석해보면, 여자들 마음에 쏙 드는 것이 하나 있다. 부부란 낱말은 혼인으로 하나가 된 남자와 여자 사이의 관계를 말해준다. 반면에 내외는 각자에게 주어진 역할의 공간을 말해주고 있다. 그런데 부부와는 달리 내외에서는 여자가 남자보다 먼저 등장한다.

결국 둘 사이의 관계에서는 남자가 여자보다 앞서지만, 역할의 중요성에서는 여자의 것이 더 중요함을 뜻한다. 바깥에서 아무리 열심히 벌어와도, 집안에서 술술 새면 밑 빠진 독에 물 붓기다. 살림의 규모를 늘려가는 것은 여자의 알뜰살뜰한 살림 능력에서 오는 법이다. 이런 점에서 볼 때, '아내' 란 낱말은 마누라와 마찬가지로 집안을 총괄하는 으뜸가는 존재를 가리키고 있음에 틀림없지만, '내외' 란 낱말의 존재로 인해서 결코 남자 위에 군림하는 존재는 아니다. 그렇다고 남자에게 종속된 존재는 더욱 아니다. '짝' 에서 보았듯이 동등한 위치는 아니지만, 하나의 독립된 인격체로서 남편이라는 남자와 더불어 가정이라는 울타리를 이끌어가기 위해 물리적인 역할을 뛰어넘어 철학적이고 정신적인 역할이 부여된 여자가 바로 아내다. 이처럼 여자의 역할을 중요시해 여자를 앞세운 '내외' 라는 낱말을 봐도 나는 요즘 여성운동가들이 남녀평등이 아닌 여남평등을 부르짖는 이유를 이해할 수 없다.

빗자루를 든 계집

둘째 '계집'이란 낱말이다. 요즘 들어서는 여자에게 '계집'이란 낱말을 사용하면 욕에 가깝다. 그러나 실제의 뜻은 앞에서 본 '아내'와 같다. '계집'이란 '계시다 + 집'의 합성어이다. 즉 '계집'은 '집에 있는 사람'이 된다. '아내'와 똑같다. 또한 지금 우리가 '아내'를 칭할 때, 사용하는 '집사람'과 조금도 다르지 않다. 결국 '계집'은 '집사람'인 셈이다. 앞에서 이야기했듯이, '계집'이라 해서 그저 집에만 있는 사람이 아니다. 계집의 일은 무엇일까? 계집은 원래 '부인'을 가리켰다(『월인석보』). 앞에서도 말했듯이 부인은 빗자루를 든 여자라는 뜻이다. 빗자루를 들고 무엇을 하는가? 청소를 한다. 청소는 왜 하는가? 밖에서 돌아오는 남편과 자식들을 위해 깨끗한 공간을 제공하려는 노력이다. 그런 노력이 바로 살림이다. 결국 계집에게는 살림하기를 원했던 것이고, 빗자루로 집안을 깨끗하게 하는 것도 살림의 한 부분이었다. 살림은 단순한 육체노동이 아니다. 재도약을 위한 발판을 마련하는 행위다. 깨끗하게 청소된 집을 색에 비교하면 흰색이다. 흰색은 출발이며, 시작이다. 결국 살림이란 남편과 자식에게 새롭게 시작할 수 있는 용기와 근거를 마련해주는 철학적 행위다.

그런데 계집은 아내와 같다. 따라서 집안에서 하는 여자의 일은 결국 살림이다. 달리 말하면, 여자가 집안에서 하는 살림은 남자가 바깥에서 하는 일만큼, 아니 그보다 더 중요한 것일 수 있다. 그것을 보여주는 단어가 바로 '내외'다. 우리가 우리말 '아내'와 '계집'에서 배울 수 있는 점은 여자로서 자아의 성취란 반드시 바깥에서

일하는 데 있는 것이 아니라, 집안에서 일하는 '살림'에서도 찾을
수 있다는 것이다.

8. 아침과 여자

인도의 시성 타고르는 우리나라를 '고요한 아침의 나라'라고 불렀다. 그래서 아침은 조용함을 상징했지만, 현대와 같이 바쁘게 돌아가는 세상에서 이제 아침은 분주함을 뜻한다. 그러나 아침의 조용함은 여전히 우리 주변에 남아 있다. 아침 일찍 아파트 주변을 걸어본 적이 있는가? 거대한 아파트에 군데군데 밝혀진 불빛은 여전히 우리를 상념에 잠기게 한다. 그때는 아침이 아니고 새벽이라고 말할 사람도 있을 것이다. 아침이어도 좋고 새벽이어도 좋다. 엄격하게 말해서 새벽은 아침의 첫 자락이므로, 아침에 포함되는 한 부분이다.

아침을 여는 여자

아침은 하루의 시작이다. '시작이 좋아야 끝이 좋다', '시작이 반이다' 라는 속담을 알고 있듯이, 우리에게 시작이란 개념은 무척이나 많은 부분을 차지한다. 하루의 시작인 아침 역시 우리에게 많은 금기를 강요하기도 했다. 실제로 아침의 옛말은 '아참' 이고, 이때의 중심어인 '앗/앛' 은 아들이란 낱말에서 확인되는 것으로 '시작, 생명' 을 의미한다. 이렇게 우리말을 두고 보면, 아침은 아들과 같은 맥으로 이어져 남자를 상징해주는 시간이 된다. 그런데 우리 문화에서 많은 부분을 차지하는 한자를 보면 그렇지도 않음을 확인할 수 있다. 한자에서 '시작' 을 의미하는 낱말는 '시始' 다. 바로 '女' 를 중심으로 해서 만들어진 글자다. 이 한자를 분석하면 다음과 같다.

시始→ 女(여자)＋厶(홀로)＋口(입)

이런 분석을 두고, 이 한자가 구약성경 창세기에서 하와가 선악을 알게 하는 과일을 먼저 따 먹는 장면을 묘사하는 것이라는 해석이 있기는 하지만, 성경과 한자의 생성 관계를 보다 면밀히 검토하기 전에는 그대로 받아들이기 힘든 해석이다. 따라서 우리는 이 한자를 모양 그대로 '여자가 혼자서 입으로 무언가를 하는 것' 이라 해석하고, 이때 무엇을 하는지 따져볼 필요가 있다. 과연 여자가 혼자서 하는 것이 무엇이고, 그것이 어째서 '시작' 을 의미하는 낱말이 되었을까?

과거의 모습을 상상하기 힘들면, 현재의 가정을 토대로 생각해보자. 하루가 시작되는 아침, 그것도 이른 아침에 가장 먼저 일어나는 사람은 누구일까? 대부분의 가정에서는 어머니다. 어머니는 그렇게 일찍 일어나서 무엇을 할까? 간단하다. 아침에 먹을 것을 준비한다. 긴 밤을 지내면서 허기진 배를 채워줄 음식을 준비한다. 요즘에는 아침을 일부러 거르는 사람도 있지만, 의학계에서도 아침은 먹는 것이 건강에 좋다고 말한다. 그런 아침 식사를 준비하기 위해서 어머니는 이른 아침에 일어나는 것이다. 영어에서 아침 식사를 가리키는 breakfast도 '단식을 끊는다'는 뜻이다. 긴 밤 동안 먹지 않은 것을 단식에 비교할 정도다.

이제 '始'의 뜻을 찾았다. '여자가 혼자서 입으로 음식을 준비하는 것'이다. 그런데 왜 입으로 하는가? 그 대답도 간단하다. 잠을 자고 일어나면 입이 깔깔하다. 활동 후에 먹는 점심이나 저녁 식사와는 성격이 다르다. 보다 세심한 준비가 필요하다. 입으로 맛을 보고, 또 보아야 한다. 음식은 입으로 하는 것이다. 입맛을 돋워주어야 한다. 이렇게 입맛나게 준비된 음식을 먹고 가족 모두가 일터로 나간다. 하루의 시작을 위해서 출발하는 것이다. 그러나 그 시작을 있게 하기 위해서 여자는 더 먼저 시작해야 했다. 바로 거기에서 '始'의 의미를 찾을 수 있고, 이른 아침에 일어나 음식을 준비했던 여자의 행위가 진정한 하루의 시작이었기에 '始'로서 시작을 의미하게 되었다고 해석해야 할 것이다.

우리는 여자를 살림살이하는 사람이라 했다. 이때 '살이'는 '燒'라는 한자로 표현될 수 있다고 했다. '불사르다'는 뜻이다. 하루를 출발하려는 가족을 위해서 불사를 에너지를 준비해주는 존재가 바로 아내며, 어머니인 것이다. 이처럼 모두를 위한 시작을 준비해주는 여자, 하루의 시작을 활기차게 만들어주는 여자, 이런 여자를 어찌 아침 같은 여자라고 말하지 않을 수 있겠는가!

9. 솥과 여자

과학이 발전하면서 잊혀지는 것이 너무도 많다. 진공청소기가 생기면서 빗자루를 찾아보기 힘들고, 세탁기가 만들어지면서 빨래판을 찾아보기가 어렵다. 솥도 그중에 하나다. 전기밥솥이 생기면서 밥을 짓는 소중한 도구였던 솥은 아예 자취를 감췄다. 특히 무쇠솥은 외딴 시골에서조차도 찾아보기 힘들어 유형문화재로 지정되어야 할 정도다.

솥의 옛말은 '솥'이다. 그리고 '솥'은 '쇠'의 옛말인 '소'에 근원을 둔다고 한다. 우리의 머릿속에 들어 있는 솥은 언제나 무쇠로 만든 것이므로, 이런 추적은 타당성이 있다. 그런데 흥미로운 사실은 '쇠'를 뜻하는 '金'이 음양적 구분에서 여자를 상징하는 음에 속한다는 점이다. 따라서 솥을 다루는 존재가 여자라는 사실은 어떤 의미에서 당연한 것으로 받아들여진다. 거꾸로 말하면 여자는 솥을 이용해 밥을 짓는 존재인 셈이다. 그러나 거듭 말하지만, 밥을 짓는 것은 단순 노동이 절대 아니다. 지금처럼 전기밥솥으로 밥을 만드는 행위는 아무런 창조성이 곁들여지지 않은 단순 노동일 수 있다. 그러나 무쇠솥으로 밥을 짓는 행위는 결코 단순하지 않다. 불의 세기를 적절히 조절해야 한다. 그런 까닭에 우리 어머니들은 밥을 지을 때마다 다르다고 푸념했던 것이다. 우리의 어머니들은 밥 짓는 것보다 어려운 것은 없다고도 말씀하셨다. 그렇다, 바로 밥 짓는 행위는 '짓다' 란 개념에서 보았듯이 창조성이 수반된 행위다. 따라서 음양적 구분에서, 쇠로 만든 솥을 다루는 주인공이 여자였기에 쇠가 음으로 구분된 것은 아닐까 생각해본다.

가마는 곰이며 신이다

가마솥이란 낱말을 들어본 적이 있을 것이다. 초가집(草家+집)이란 낱말에서 집을 뜻하는 내용이 반복되듯이, 구성된 방법이 다르지만 가마솥 역시 솥을 반복해서 말하고 있다. 가마솥은 '가마' 만으로 충분하다. 사전에서는 '가마' 자체로 솥을 의미하는 것으로 기록하고 있기 때문이다. 이처럼 똑같은 것을 칭하는 낱말을, 그것도 순 우리말로 두 번 겹쳐 쓴 이유가 궁금하다. 가마와 솥의 차이가 무엇이든 간에 다시 한번 '가마' 가 쓰이고 있다. '가마' 는 '고마' 이고, '고마' 는 '곰' 의 옛말이다. 그리고 곰은 우리에게 단군을 낳아주신 웅녀를 연상시키므로, 신이며 여자다. 솥과 여자의 관계를 다시 한번 확인해주는 낱말의 쓰임새인 것이다. 그뿐만이 아니

다. 가마솥은 검은색이다. 또한 가마는 '가맣다'와 관계 있는 낱말
이라 했고, 검은색 역시 음양적으로 음에 속한다. 게다가 곰도 검은
색을 띤 동물이다. 무엇 하나 어긋나는 것이 없다.

　이처럼 솥에 관련되는 모든 것이 여자를 향하고 있다. 따라서 솥
과 여자는 불가분의 관계에 있다고 말할 수 있다. 그럼 솥이란 낱말
에서 여자에게 기대한 것은 무엇이었을까? 이런 의문에 대한 해답
을 한자에서 찾아볼 수 있다. 『훈몽자회訓夢字會』에 따르면 솥은 한
자로 '정鼎'이라 쓰고 가마는 '부釜'로 쓰면서, 솥과 가마의 차이를
분명하게 구분하고 있다. 보다 정확하게 말하면, 솥은 발이 달려서
그 자체로 땅 위에 설 수 있는 것인 반면에, 가마는 발이 달리지 않
고 바닥이 둥근 모양의 것을 가리킨다. 우리가 일반적으로 알고 있
는 솥이 바로 가마인 셈이다.

안정을 상징하는 솥

　솥을 뜻하는 '鼎'을 이용해서 '정립鼎立'이란 낱말이 만들어지는
것에서 알 수 있듯이, '鼎'은 안정된 모습을 의미한다. 다시 말해서
솥은 안정된 모습의 상징이다. 따라서 솥이 여자이고, 안정된 모습
을 상징하는 것이라면, 여자에게는 가정을 안정되게 이끌어가는 역
할이 주어진다. 하지만 바닥이 둥근 가마는 전혀 그렇지 못하다. 기
우뚱한 모습으로 땅에 세워질 뿐이다. 이처럼 솥과는 전혀 다르게
불안감을 자아내게 만드는 가마 역시 여자의 것임에 틀림없다. 그
래서 앞의 솥과는 모순이 된다. 이 때문에, 솥에서 여자는 가정을
안정되게 이끌어야 하는 존재라는 결론을 끌어내는 것마저 비논리

적으로 보인다.

 그러나 이런 문제는 실제의 언어 사용에서 쉽게 해결될 수 있다. 우리는 가마라는 낱말보다는 오히려 가마솥이란 낱말을 더 자주 사용한다. 왜 그랬을까? 불안한 모습의 가마에 만족할 수 없었기 때문이었을 것이다. 거기에 안정된 모습의 상징인 솥을 더함으로써 가마의 불안함을 씻어주려 했던 것은 아닐까 싶다. 관련된 모든 것이 여자를 뜻하고 있는 솥과 가마에서 안정감을 찾을 수 있다는 것은, 결국 여자에게 가정을 화목하고 안정되게 이끌어갈 현모양처를 기대했던 것이라 할 수 있다.

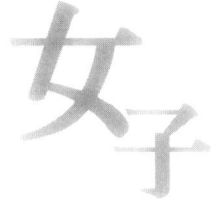

10. 남자는 배, 여자는 항구

  심수봉이 불러 대중의 사랑을 받은 노래 중에서 '남자는 배, 여자는 항구'가 있다. 제목이 남자의 자유로움과 여자의 기다림을 은연중에 담고 있다고 해서 여성학계의 관심이 되기도 했던 노래다. 사실 배는 이 항구, 저 항구를 떠돌아다니므로 자유로움을 상징하는 것일 수 있다. 항구 역시 떠나간 배를 기다리는 곳이므로 기다림을 상징한다고 말해도 크게 잘못된 점은 없다. 그러나 이런 대비를 성적인 면으로 연결시키면 문제가 발생한다. 남자는 여자에 비교되는 항구를 떠돌아다녀 바람둥이가 되고, 여자는 남자에 비교되는 배를 어떤 것이나 받아들이니 화냥년이 되는 것이다. 따라서 이런 식의 해석은 남자에게나 여자에게나 바람직하지 못하다. 다른 해석이 필요하다. 다른 관점에서 항구가 무엇인지 생각해보자.

항구는 순 우리말로 나루다. 나루터라고도 한다. '나루'가 장소를 가리키고, '터'역시 장소를 가리키므로, 나루터는 '나루＋터'로서 땅을 뜻하는 낱말이 반복되어 쓰인 것이다. 이제 '나루'가 무엇인지 알아보자.

나루터

옛말에 산을 타고 흘러내리는 냇물은 '나리'라고 했다. '나리'와 '내'의 관계는 쉽게 짐작할 수 있다. '나리다 → 내리다'노 '나리'에서 만들어진 것이며, 나루의 옛말 역시 '나리'다. 그렇다면 '나리'는 냇물이면서도 나루였다. 다시 말해서, '나리'는 전체(냇물)를 칭하면서 그중에 한 부분(나루)을 칭하는 낱말이었다. 그 자체로 제 유법을 포함하고 있는 낱말이다. 그래서 나루터란 그중에 한 부분을 특별히 강조하기 위해서 '터'가 덧붙은 것이라 생각된다. 그럼 '터'가 덧붙을 수 있는 곳은 어디였을까? 흘러내리는 물이 다른 곳에 비해서 잔잔하고, 넓고, 안전을 보장해줄 수 있는 곳, 그리고 많은 사람들이 모일 수 있는 곳이었을 것이라 상상할 수 있다.

'나루'는 궁극적으로 '내'를 뜻하는 것이라 했다. '내'는 물이다. 물은 여자다. 따라서 '나루'가 여자이듯이, 여자를 항구라 비유한 것은 절대적으로 옳다. 다만 그 해석이 문제일 뿐이다. 그러나 나루터를 앞에서와 같은 곳이라 생각한다면, 항구는 결코 기다림만을 위한 장소가 아니다. 모여드는 곳이다. 다른 어떤 곳보다 편안함을 느끼고 안전을 보장해주는 곳이다. 영어로 '편히 하십시오'라는 말을 'Make yourself at home'이라 한다. 직역하면 '집에 있듯이

女子

하십시오'가 된다. 그렇다. 세상에서 가장 편안한 곳은 집이다. 밖에서 힘든 일을 마친 남편과 공부에 찌든 자식들은 집으로 돌아온다. 집은 경쟁이 있는 곳이 아니다. 경쟁을 벗어나 마음을 편히 하는 곳이다. 풍랑을 피해서 배들이 항구로 들어오는 것도 마찬가지 논리다. 그래서 가족은 배가 되고, 여자는 항구가 된다.

폭풍을 피하는 나루터

'나루'는 여자가 지키고 있는 가정이기도 하다. 폭풍우는 언제 닥쳐올지 모른다. 그때를 대비해서 나루는 언제나 만반의 준비를 갖추고 있어야 한다. 폭풍우가 치는 동안 안전한 피신을 보장해주어야 할 뿐 아니라, 폭풍우가 그치고 다시 머나먼 항해를 떠날 때 필요한 것을 장만할 수 있도록 준비해두어야 한다. 가정도 마찬가지다. 가정은 진정으로 편안하게 느낄 수 있는 곳이어야 한다. 세상의 고뇌를 잊고, 오직 가족간의 사랑을 더욱 돈독히 쌓아갈 수 있는 곳이어야 한다. 가정을 그런 곳으로 만들 책임이 바로 아내와 어머니에게 주어진다. 그 때문에 배가 모여드는 곳을 '나루'라 이름 했다. 나루도 내 집처럼 안락한 곳이기를 바랐기 때문이었을 것이다. 가정은 구겨진 자존심과 상처받은 영혼을 치유하는 공간이라는 사실을 기억한다면, 우리가 여자들에게 무엇을 원하는지 새삼스레 말할 필요가 없을 것이다.

이처럼 어떤 말이라도 해석하기에 따라서 다른 의미를 가질 수 있다. 그렇다고 여자를 감언이설로 속이기 위해서 아전인수격인 해석을 하지는 않는다. 우리가 일상에서 사용하는 낱말에 담긴 원래의 의미를 가지고 추론하면서, 그리고 우리의 5천 년 역사에서 아무런 차별도 없었을 것이라 여겨지던 시대에 남자와 여자에게 바랐던 것을 나름대로 추론해보면서, 서양만의 역사에서 만들어진 논리를 우리에게 무차별적으로 적용시키려는 편견에서 벗어나, 과연 진정으로 아름답고 사랑으로 가득한 가정을 만들기 위한 여자의 역할은 무엇인가를 생각해봐야 할 시대가 지금이다.

11. 가시버시

　남녀평등인가, 여남평등인가? 이런 말장난으로 논란을 벌인다. 이런 논란과 격을 달리하는 것이지만, 과거 서양의 여성운동에서 다음과 같은 일이 있었다. 여성운동권에서 '역사'를 뜻하는 낱말인 history가 'his+story'로 은근히 남자만의 역사를 암시하고 있어 기분이 썩 좋지 않았다. 그래서 여성만의 역사를 뜻하는 낱말로 her story를 만들었다. 그렇게 하여 실제로 history의 어원이 'his+story'인 것으로 인식되어버렸다. 그러나 history의 어원은 현자賢者를 뜻하는 histor에서, historia가 되어 '역사'라는 의미를 가진 것이다. 이런 사실이 밝혀지자, her story를 만든 여성운동권은 지금의 미즈Ms처럼 그저 웃음거리로 전락하는 수모를 당할 수밖에 없었고, 말장난을 일삼는 사람들로 치부될 지경이었다.

우리말 사랑

남녀평등과 여남평등의 문제도 마찬가지다. 언제나 우리의 한글보다는 한자에 얽매여서, 한자를 써야만 유식한 사람으로 행세할 수 있는 지금의 세태가 그저 아쉬울 뿐이다. 이런 문제는 부부夫婦에게도 확대된다. 남자가 먼저 나오니까 기분 나쁘다는 것이다. 그러니 앞으로는 婦夫라고 쓰자고 주장하기도 한다. 여성계가 진정으로 우리의 여성을 사랑한다면 우리말을 사랑하는 것부터 배워야 할 것이고, 우리말을 사랑하는 모습에서 진정으로 우리 민족을 사랑하고, 그 속에서 우리 여자들을 사랑한다는 사실을 보여줄 수 있을 것이다. 왜냐하면 지금과 같은 자세는 서문에서도 말했듯이, 눈앞에 보이는 것에 연연하여 피상적 현상을 해결하려는 메아리 없는 노력에 불과할 것이기 때문이다.

서론이 길었다. 부부를 칭하는 순 우리말이 있다. 그렇기에 婦夫라고 억지로 꾸미는 도로徒勞는 필요 없다. 순 우리말을 찾으면 그들의 의사를 표현하기에 충분하다. 바로 '가시버시'라는 낱말이다. 그러나 큰사전에서 보면, 이 낱말은 '부부를 칭하는 비속어'로 되어 있다. 쉽게 말해서 부부를 낮추어 칭하는 낱말이다. 이처럼 우리말 사전에서조차도 순 우리말이 학대받고 있는 것이 현실이다. 언제쯤이나 이런 우리말 천시 현상이 사라질까?

남편은 아내의 벗

'가시'는 '갓'이었으며, 아내를 뜻했다. '가시'가 아내를 뜻한다는 증거는 '가시어미, 가시아비'가 각각 '장모, 장인'을 뜻하고 있음으로도 충분하다. 반면에 '버시'는 무엇일까? 일단 '가시버시'가 부부를 뜻하는 것으로 보아, '버시'는 남편을 가리키고 있음에 틀림없다. 그러나 '가시어미, 가시아비'와는 달리 '버시아비, 버시어미'란 낱말은 찾아보기 힘들다. 그럼 '버시'는 어떻게 남편이란 뜻이라고 확신할 수 있을까? '가시'가 '갓+이'라 분석되듯이, '버시'는 '벗+이'라 분석될 수 있을 것이다. 그럼 '벗'의 의미를 찾으면 된다. 친구를 가리키는 순 우리말이 바로 '벗'이다. 또 '벗'은 '숯불을 피울 때 불씨에서 불이 옮기어 닿는 숯'을 뜻하고 서로 접촉하고 있음을 전제로 한다. '벗바리'는 '곁에서 도와주는 사람'이다. 그냥 도와주는 것이 아니라 바로 곁에서 도와주는 사람이다. 따라서 '벗'이 공간적으로 가까움을 전제로 하고 있음을 추측할 수 있다. 그럼 '버시'의 의미를 찾을 수 있다. '벗'이다. '갓'의 곁에서 도와주는 사람이다. 그렇다면 누가 '갓'의 벗이 될 수 있겠는가? 우리는 일부일처를 중심 원리로 살아왔다. 따라서 '갓'과 공간적으로 멀리 떨어지지 않고 항상 가까이 있으면서 도움을 주는 벗은 남편일 수밖에 없다.

이렇게 '가시버시'는 자연스럽게 婦夫를 의미한다. 그리고 남편에게 아내의 벗이 되어주라고 말하고 있다. 벗은 곁에 있는 사람이라고 했다. 곁에만 있는 것이 아니다. 도움을 주는 사람이다. 육체적으로, 정신적으로 모두 도움을 주는 사람이어야 한다. 남편은 아내가 얼마나 힘든 살림을 꾸려가는지 알고 있다. 아니, 알고 있어야 한다고 '가시버시'는 말해준다. 그렇기에 위안을 주고, 사랑을 주어야 한다. 한자의 '부夫'처럼 군림하지 않는다. 동등한 사람으로서, 아끼고 도와야 한다고 우리말은 말해준다. 이런 흔적에서 우리의 여자들은 결코 외로운 존재가 아니었고, 우리는 결코 여자를 서양에서처럼 하등한 인간으로 대우하지 않았음을 알 수 있다. 또한 이런 흔적 덕분에, 우리말에서 여자를 의미하는 낱말과 그 본뜻을 찾아 여자의 원래 역할이 무엇이었는지 상상해보는 작업도 그만큼 가치가 있는 것이다.

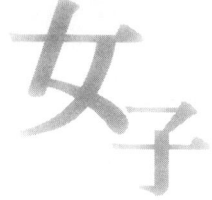

12. 맏며느리

우리는 일반적으로 한자는 표의문자이기 때문에, 글자 그 자체에
뜻을 포함하는 것으로 알고 있다. 또한 한자의 본산인 중국이 유교
의 발원지이기도 한 까닭에, 한자에서 여자를 뜻하는 낱말은 우리
가 요즘 말하듯이 여성의 심한 차별상을 그대로 반영하고 있는 것
으로 생각하기 쉽다. 실제로 여자를 의미하는 한자 대부분이 그렇
게 해석될 수밖에 없는 실정이기도 하다. 그러나 언제나 예외는 있
는 법이다. 그리고 그 예외에서 우리 옛 어른들이 여자에 대해서 생
각했던 진실된 모습을 엿볼 수 있다. 물론 여성에 대한 차별을 포함
하는 낱말은 어째서 옛 어른들의 여자에 대한 진실된 생각이 아니
냐고 의문을 제기할 수도 있다. 결코 부인할 수 없는 의문이며, 당
연히 제기되어야 할 의문이다.

그래서 다음과 같이 생각해볼 수 있다. 아주 먼 옛날에 중국과 교류하기 전에 우리 옛 어른들은 우리말을 사용하고 있었고, 우리말 속에는 그분들의 생각이 담겨 있었다. 그리고 중국과 교류가 시작되고 중국의 문자인 한자가 유입되었다. 그러나 그렇게 유입된 한자가 모두 동시대에 만들어진 것은 결코 아닐 것이다. 한자는 무려 2만여 자에 달한다고 한다. 그렇게 많은 문자가 동시에 만들어질 수는 없다. 그것들에게도 순서가 있었을 것이나, 한자의 기본 부수를 이루는 것들 이외의 문자들에 대해서는 그 순서가 분명치 않다. 우리 역사에서도 조선조에 이르러 여자에 대한 속박이 더욱 심해졌다는 점에 비추어, 여자를 교활하고 의존적인 존재로 그려놓은 문자보다는 여자를 보다 독립적인 존재로 묘사한 문자의 생성이 먼저일 것이라고 추정하는 것이다. 이렇게 추정하는 이유는 우리나라가 되었든 중국이 되었든 간에, 살아가는 환경이 어떻든 간에 남자와 여자가 모여사는 모습은 원초적으로 동일했을 것이라는 기본 의식을 바탕으로 한다. 게다가 앞에서 보았듯이 순 우리말에서 여자의 모습은 결코 차별받는 존재로서가 아니라, 남자와는 다른 역할을 지닌 존재로 그려지고 있기 때문이기도 하다.

믿음의 아내

먼저 다음의 두 한자를 보자.

姒(맏며느리) → 女+以(더불어, with)

委(맡기다) → 禾(곡식)+女

女子

맏며느리부터 보자. 이 한자의 해석은 '항상 더불어 같이 있어야 하는 여자'다. 쉽게 생각해서 '이상以上, 이하以下'라는 낱말을 생각해보면 맏며느리는 어떤 사람이어야 하는지 충분히 깨달을 수 있다. 포함되는 것이다. 배제되어서는 안 된다. 맏며느리를 배제하고는 어떤 일도 이루어질 수 없다는 것이다. 아니, 맏며느리는 집안의 모든 일을 직접 나서서 관장하는 여자여야 한다. 그렇다고 육체적인 노동을 전제로 하는 일꾼의 자격이 아니다. 집안 어른들이 맏며느리에게 모든 일을 관장하도록 맡기는 이유는 그만큼 믿기 때문이다. 그렇게 할 능력이 있다는 믿음이 전제되어 있기 때문이다. 게다가 우리말에서 맏며느리의 '맏'과 맡다의 '맡'이 음가에서 단지 유성음 받침(ㄷ)과 무성음 받침(ㅌ)의 차이밖에 없다는 사실에 주목하지 않을 수 없다.

맏며느리를 육체적으로 부려먹기 위해서 믿는 척하는 것은 결코 아니다. 그녀를 전적으로 믿는다는 증거를 우리 옛 어른들은 확실하게 보여주고 있다. 그 글자가 바로 '위委'다. 여자가 곡식을 떠받치고 있는 모양이다. 여자가 힘들게 쌀가마니를 나르는 모양을 형상화한 것이라고 해석할 사람은 아무도 없을 것이다. 그렇다면 그 뜻이 결코 '맡기다'로 해석될 수 없을 테니까. 여자에게 맡긴 곡식은 헛되이 흘러나가지 않는다. 낭비하지 않는다. 알뜰살뜰 살림을 꾸려갈 것이라는 굳은 믿음이 있다. 맏며느리에게 1년 동안 농사지어 수확한 곡식을 맡겨놓으면 마음이 든든하다는 것을 형상화한 문자가 바로 '委'다.

이렇게 여자는 믿음을 주는 존재여야 한다. 1년의 수확을 남자들이 관리하지 않고 맏며느리에게 맡겨놓은 이유가 무엇이겠는가? 밖으로 나돌아다니며 놀기 위해서는 결코 아닐 것이다. 우리말에 '놈'이란 욕이 있다. 그 욕은 '놀다'는 동사의 명사형이다. '놈'은 남자를 욕하는 낱말이다. 남자가 일하지 않고 놀면, 욕을 먹어도 싸다. 그때 사용되었을 욕이 바로 '놈'이었을 것이다. 따라서 맏며느리에게 모든 것을 맡긴 이유는 안심하고, 생산적인 노동과 일에 열중하기 위한 것이라 생각된다.

여기에서 현재의 우리도 배울 것이 있다. 대부분의 남자가 한 달 동안 열심히 노동한 대가를 아내에게 그대로 가져다준다 해서 아쉬워할 것 없다. 옛 어른들도 그랬다. 대신 집안의 아내도 남자에게 든든한 존재가 되어야 한다. TV 연속극과 여성지에 파묻혀 있어서는 안 된다. 책을 읽는 여자, 생각하는 여자가 아름답다. 그런 아름다운 모습을 보여줄 때, 남자는 여자를 마음껏 믿을 수 있는 든든한 존재로 여길 것이다.

맺음말

'우리'라는 개념이 사라져버린 시대에 살아가는 우리! 개성을 최고로 여기는 시대. '우리'라는 개념과 개성은 서로 양립할 수 없는 것일까? 절대 그렇지 않다. 솔직히 우리의 살아가는 모습을 보면, 개성을 중요시한다고 하면서 전혀 개성을 보여주지 못한다. 도저히 어울리지 않는 거대한 농구화를 너도 나도 신고 다닌다. 키와 상관없이 모두가 굽 높은 구두를 신는다. 얼굴 모양과 관계없이 모두가 자그마한 안경을 쓴다. 유행에 뒤처지지 않으려는 필사적인 모습들이다. 몰개성시대다. 세계화는 다양화다. 그러나 우리는 세계화만 부르짖을 뿐, 다양화를 잊고 있다. 다양화는 개성의 표현이다.

'우리'를 강조한다고 해서 개성을 죽이지는 않는다. 적어도 우리 낱말에서는 그렇다. 가족 하나하나의 개성을 살리면서 우리는 하나라는 의식을 심어주는 것이 바로 아내와 어머니의 역할이다. 그래서 아내에게는 철학이 필요하다. 무작정 빨래하고 밥하는 여자가 아니다. 그럼 노예일 뿐이다. 우리의 아내와 어머니는 결코 노예가 아니다. 그들은 허리와도 같은 여자다. 위와 아래를 이어주는 다리와도 같은 여자다. 울타리의 문과 같은 역할을 한다. 바깥 세계와 안쪽 세계를 이어주는 유일한 통로다. 그 통로가 바로 우리 마누라다. 새로운 하루를 개척하도록 만들어주는 아침과도 같은 여자다. '짓다' 의 쓰임에서 보았듯이, 그들의 노동은 남자의 그것에 못지않게 창조적이며 철학적이다. 이성만 있는 노동이 아니라 감성을 겸비한 노동이다. 여자란 바로 사람임을 느끼게 해주는 아내며, 어머니라는 사실을 우리말에서 찾아보았다.

4장
현명한 딸

첫딸은 살림 밑천이다.

이 말은 딸을 낳은 것에 대한 위로의 말에 불과했던 것일까? 아니면 첫딸이 정말로 살림 밑천이었을까? 사실이었다면, 왜 하고많은 말 중에서 하필이면 살림 밑천일까? 살림이 우리가 생각하는 것처럼 그렇게 천박한 노동은 결코 아니다. 게다가 밑천은 달리 말하면 비빌 언덕이다. '위안처', '토대'를 뜻하는 낱말로 승화시켜 해석해 볼 수도 있다. 이제 그 의문을 해답을 찾아 낱말 여행을 떠나본다.

딸은 성장하면 집을 떠난다. 그렇게 되어 있다. 하지만 그것은 부모의 입장일 뿐이다. 당사자인 딸의 입장에서 새 집을 찾아나서는 행위다. 그런데 이런 부분이 바로 남녀의 차별적 모습을 보여주는 근원이라 말하는 사람들이 있다. 왜 남자는 장인 집에 들어와서 살지 않느냐고 물을 수도 있다. 그러나 이런 의문들과 불만은 우리가 일상에서 사용하는 낱말에서 차근차근 해결된다. 딸의 입장에서 새 집을 만들어가는 것을 볼 수 있다.

1. 딸과 현명한 여자

여자는 오목이라 했다. 오목은 모든 것을 수용해서 받아들이고, 받아들인 것을 크게 발전시켜나가는 것이라 했다. 그런 모습이 여자의 올바른 모습이며, 여자의 역할이라 했다. 이번에는 '딸'이란 단어에서 여자는 어떠해야 하는가를 알아보자.

여자는 누구나 딸이다. '딸'이란 '따르다'는 낱말에서 온 것임에 틀림없다. 말 그대로 '따르다從'란 의미다. 그래서 여자는 삼종지도 三從之道의 길을 걸어야 한다고 했다. 결혼하기 전에는 부모를, 결혼한 후에는 남편을, 늙어서는 아들을 따른다는 뜻이다. 이 정도로 '딸'의 해석을 그친다면, '딸'은 독립적 존재라기보다 의존적 존재일 수밖에 없다는 해석이 가능하고, 따라서 여자는 남자에 비해서 핍박받으며 살아온 비참한 존재가 되고 만다. 더 나아가 일제 시대부터 우리나라에서 화투라는 것이 시작되었다고 볼 때, '따라지' 가 '딸' 이란 낱말과 어원을 같이 하는 것이라면, 여기에서 더욱 여자의 무가치함이 부각되게 된다. 잘 알 듯이 '따라지' 란 노름판에서 아무런 쓸모도 없는 '한끗' 을 의미하기 때문이다.

따름의 의미

그러나 여자란 그런 것이 아니다. '딸' 이란 단어는 더욱 그런 것이 아니다. 남자와 평등한 존재는 아닐지라도 남자와의 차별성을 통해서 나름대로의 가치를 지닌 존재다. 나는 '딸' 이란 단어에서 남자와는 다른 여자의 역할을 본다. '딸' 은 '따르다' 에서 온 것임에 틀림없다. 그러나 무조건 따르는 것이 아니다. 따르는 데도 기술이 필요하다. 동물의 세계를 다룬 TV 프로그램에서 물고기의 세계를 본 적이 있다. 이름을 기억할 수 없는 그 물고기는 자기 영역이 분명했다. 다른 물고기가 자기 영역을 침범했을 때 그 물고기는 침입자가 물러설 때까지 무작정 꽁무니를 쫓았다. 결국 침입자는 견디다 못해 물러서고 말았다. 그렇다. 무의미하게 무작정 뒤쫓는 것은 쫓기는 자에게 엄청난 권태를 준다. 다시 말하면 '딸' 로 태어난 여자가 '남자' 를 무작정 따르기만 한다면 남자는 곧 권태를 느끼게 마련이다. 따르되 따르지 않는 것처럼 행동하는 현명함이 필요하다. 수레의 뒤에서 미는 사람은 앞사람을 따라가는 것이지만, 그 힘을 더해주고 방향 설정을 보다 쉽게 만들어준다. 적절한 비유가 아니겠지만, 곰 같은 아내보다는 여우 같은 마누라가 훨씬 낫다고 말했던 우리 모두의 의식도 바로 여자의 적절한 따름을 바탕에 깔고 있는 것이다. 바로 우리 옛 어른들도 여자에게 '딸' 이란 이름을 붙이면서 이런 생각을 했을 것이다. 앞에서 말한 따르는 데 필요한 기술이란 것이 바로 현명한 처신이다.

옛날에 여자의 첫째가는 소원은 현모양처였다. 현명한 어머니였다. 현명하다는 것이 무엇인가? 어질고, 사리에 밝음이다. 어질다는 의미는 앞에서도 이야기했듯이 오목한 그릇처럼 모든 것을 포용하는 넓은 마음이다. 사리에 밝다는 것은 무엇인가? 적당한 견제다. 무조건 순종이 아니다. 무조건 순종은 생명이 없는 것이다. 어떤 남자도 생명이 없는 여자와 살기는 권태로운 법이다. 그렇다고 부딪치면 깨진다. 여기에서 필요한 것이 바로 현명한 처신이다. 현명한 처신을 여자에게만 기대할 수는 없지만, 지금 살펴보는 '딸' 이란 단어가 우리에게 가르쳐주는 것이 바로 여자의 현명한 처신이다. 순종하는 척하면서 견제하는 기술, 여자에게도 생명이 있음을 '딸' 이란 단어가 내포하고 있는 것이다.

회복해야 할 딸의 이미지

요즘과 같이 젊은 부부의 이혼이 급증하는 시대에 우리는 '딸' 이란 낱말이 지닌 진정한 의미를 제대로 음미해볼 필요가 있다. 부딪치면 깨진다. 부딪치는 이유는 간단하다. 앞에서 보았듯이, 볼록렌즈다운 남자, 오목렌즈다운 여자로 키워지지 못했기 때문이다. 오목과 볼록은 서로 결합되기 위해서 결코 스스로를 내세워서는 안 된다. 조금씩 서로 양보해야 한다. 그래야만 볼록의 볼록이 오목의 오목 속으로 들어가서 완전한 모양을 만들어낼 수 있는 법이다.

결론적으로 말하면, 이 세상의 딸들인 여자는 현명한 존재라는 것이다. 그런 현명함이 없다면 오목이 상징해주는 포용력 있는 여성임을 포기하는 것이 된다. 이처럼 현명한 여자를 상징적으로 표현해주던 '딸' 이란 단어가 화투판의 '따라지' 가 되면서, 많은 여자들이 '딸' 이기를 포기한다. 유감스런 일이 아닐 수 없다. 일제 시대를 거치면서 많이 왜곡된 순 우리말들, 앞에서 언급했던 마누라도 그렇다. 여자로서 지녀야 할 본연의 자세를 고상하게 표현했던 많은 단어들이 일제 시대를 거치면서 그 참된 뜻을 상실했다. 이제부터라도 우리는 그 의미를 되찾는 작업에 소홀함이 없어야겠다. 남녀평등을 부르짖으며, 남자는 볼록이고 여자는 오목일 뿐이라며 남녀를 대립된 관점에서 보는 것은 핵심을 상실한 시간 낭비고 힘의 낭비일 뿐이다. 그렇게 될 때, 우리는 결코 완전함을 이루어내지 못할 것이다.

2. 가마와 시집

'가마 타고 시집가기는 틀렸다'는 속담이 있다. 이 속담에서 여자는 가마라는 것을 타고 시집가는 것이 원칙이었음이 드러난다. 가끔 가마가 한자어 가마駕馬에서 온 것이라 하지만 결코 말이 끄는 것이 아님을 생각하면, 그저 한자로 표현하기 위한 작위적 조어가 아닐까 싶다. 그럼 가마란 낱말은 어디에서 온 것일까?

꽃가마라는 것이 있다. 화려한 문양으로 장식한 가마다. 이처럼 '꽃'이란 관형사적 수식어와 더불어 쓰인 것으로 보아 원래의 가마는 그처럼 화려하지 않았던 듯하다. 꽃이란 색이 있는 것이다. 그럼 원래의 가마는 전혀 화려하지 않은 것, 달리 말하면 색이 없었던 것이라 상상해볼 수 있다. 이처럼 색이 없는 색, 즉 무채색으로는 흰색과 검은색이 있다. 그럼 원래의 가마는 흰색이었을까, 검은색이었을까?

가마는 검은색이었다

어느 색을 택했든 간에, 음양적 관점에서 보면 가마는 여자와 맥을 같이 한다. 흰색이나 검은색은 모두 음으로 여겨지기 때문이다. 그러나 십중팔구 원래의 가마는 검은색이었을 것이다. 왜냐하면 '가마'란 낱말은 '가맣다'의 변칙어간으로 검은 것을 뜻하기 때문이다. 실제로 박물관에 자주 다녀본 사람이라면, 이런 추론에 고개를 끄덕일 것이다. 따라서 가마가 처음 만들어졌을 때 전혀 운용 방법이 다른 가마駕馬에서 그 이름을 차용하기보다는 ㅗ 색을 기준으로 하여 작명하였을 가능성이 있다. 그럼 가마는 왜 검은색이었을까? 그 이유는 우리의 원래 혼례식이 저녁에 치러졌다는 사실에서 찾아볼 수 있을 듯하다. 저녁이 되면 땅거미가 지면서 어두워진다. 어둠이란 곧 검은색이다. 따라서 '가마 타고 시집간다'는 어구에서 보듯이 혼례식과 가마 사이에 불가분의 관계를 설정할 수 있다면, 혼례에 필요한 도구였던 가마 역시 혼인과 관련된 색을 가리키는 뜻에서 만들어졌을 가능성을 무조건 부인할 수만은 없다(더 자세한 내용은 p. 140 '곰과 여자'를 참조).

이렇게 검은색으로 칠해진 가마를 타고 여자는 시집을 간다. 상징적으로 어둠을 타고 시집가는 것이다. 시집은 '새 집'이다. 여자가 며느리로서, 아내로서 그리고 어머니로서 새롭게 가꿔가야 할 집이다. 결국 여자가 시집을 간다는 것은 새 집을 찾아가는 것이다. 새 집에서 새로운 생활을 시작하는 것이다. 원래의 집, 즉 친정에서 항상 보호받던 입장에서 이제는 새로운 가정을 만들어가야 할 주도자가 된다. 우리가 지금 생각하고 있는 것처럼, 모든 것을 버리고

女子

무작정 희생의 길로 들어선 그런 여자가 아니다. 새 집에 간다는 것은 새로운 개척지를 찾아가는 것과 같다. 시집온 여자가 새 집을 꾸려갈 자세도 '시집'에서 찾을 수 있다.

시집의 의미

경우에 따라서 시집을 한자어로 '媤집'이라 표기하기도 한다. 이때 '媤'는 시집을 의미하는 '시'다. 그리고 이 한자어는 당연히 다음과 같이 분석된다.

$$媤 \rightarrow 女(여자) + 思(생각하다)$$

따라서 '媤집'은 '여자가 생각해야 할 집'이란 뜻으로 해석된다. 시집온 여자가 새 집을 꾸려가기 위해서는 생각이 필요하다. 노예처럼 그저 시키는 대로 행하는 존재가 아니다. 이성적 판단을 지닌 인간으로서 생각을 가지고, 원하고 궁리하여 보다 바람직한 방향으로 가정을 이끌어가기 위해서 노력을 기울여야 하는 존재다. 실제로 '思'라는 한자가 그렇게 하기를 바라고 있다. 사색思索, 사상思想, 사조思潮 등에서 쓰이듯이, 거창하게 말해서 시집온 여자는 나름대로의 철학 혹은 신념을 바탕으로 해야 한다. 항상 현명한 어머니(현모), 사리분별이 분명한 아내(양처)가 되기 위해서도 바람 부는 방향에 따라 우왕좌왕하는 그런 줏대 없는 여자여서는 안 된다. 갈대처럼 이리저리 흔들려 보여도 결코 꺾이지 않는, 중심이 확고한 여자다. '남자는 배짱, 여자는 절개'라고 말했듯이, 절개는 단순히 성적인 순수함을 의미하는 것이 아니다. 절개란 옳은 일을 지키고, 뜻을 굽히지 않는 분명한 의지를 의미한다. 그렇게 되기 위해서는 신념이 필요하다. 우리 가정을 굳건히 지키려는 어머니와 아내에게 요구되는 것도 바로 그런 절개요, 신념이다. '여자는 절개'라는 말은 결코 여자에게 속박을 주는 것이 아니다. 오히려 시집온 여자가 진정으로 媤집온 여자이기 위해서 필요한 정신적 자세를 말해주는 것이다.

이제 시집은 단순히 남편의 집이라 생각해선 안 된다. 우리 낱말 어디에서도 그런 흔적은 보이지 않는다. 시집은 여자의 관점에서 본 낱말이다. 남편이나 남편의 부모 입장에서 아내와 며느리에게 주어지는 개념이 아니다. 시집은 여자가 새롭게 만들어가야 할 집이다. 그래서 남자가 장가를 들듯이(잠깐 머물렀다 떠난다는 뜻에서의 '들르다'), 여자는 시집에 들르지 못하는 법이다. 자신이 새롭게 만들어야 할 집을 어떻게 남의 집처럼 잠깐 들러볼 수 있겠는가? 여자에게 시집이란 개념은 결코 속박이나 사슬이 아니다. 총체적으로 떠안아야 할 부담도 아니다. 자기만의 개성과 신념을 바탕으로 사회의 건전한 바탕이 될 가정을 만들어가는 것이다. 가정이 건전하지 못할 때, 그 사회의 도덕성은 두말할 필요가 없다. 결국 여자의 가정은 전 사회의 도덕성과 정의를 결정하는 바탕이 된다는 사실을 부인하지 못할 때, 어느 누가 가정을 지키며 살아가는 여자들에게 무능력하다고 돌을 던질 수 있겠는가? 우리의 옛 어른들이 가르쳐주신 지혜가 바로 '시집'이란 낱말 속에 담겨 있다.

3. 혼례의 주인공, 여자

결혼과 혼인이라는 두 낱말은 서로 경쟁 관계에 있다. 혼인이란 낱말보다는 결혼이란 낱말이 훨씬 더 편안하게 쓰인다. 그러나 어른들의 말씀에 따르면 결혼이란 낱말은 일제 시대부터 쓰인 일본식 한자어다. 따라서 남자와 여자가 결합하여 새로운 가정을 이루는 행위는 혼인이라는 낱말을 사용하는 것이 훨씬 우리 의식 구조에 적절한 것이라 말할 수 있다.

저녁과 혼례

그러나 두 낱말 중 어느 것이 더 옳은 것이냐는 문제는 우리의 논의에서 그렇게 중요하지 않다. 관혼상제冠婚喪祭라는 어구에서 보듯이, 논의의 초점은 '혼婚'이면 충분하다.

혼婚 → 女+昏(저녁)

이런 분석에서 보듯이 혼례에서 주인공은 여자다. 그리고 저녁이란 뜻을 담은 한자 '昏'을 포함한다. 실제로 과거에 혼례식이 저녁에 치러졌다는 사실을 감안하면, 이런 낱말의 조합이 당연한 것으로 여겨질 수 있다. 게다가 '가마 타고 시집간다'는 말처럼, '가마'가 검은색을 상징하고 어둠이 검은색이라면, '혼婚'에 저녁이란 뜻을 남은 한자가 포함되어 있다는 사실이 더욱 그럴듯하게 다가온다. 그런데 왜 하필이면 예식을 뜻하는 낱말을 만들 때 '女'와 결합시켰을까 하는 의문이 생기지 않을 수 없다. 혼례식은 남자와 여자 모두가 주인공이어야 한다는 것이 지금의 상식으로 합당한 판단이기 때문이다.

따라서 우리는 다음과 같이 생각해볼 수 있다. 우리는 혼인이란 개념을 두 가지로 표현한다. 하나는 '장가杖家가다'이고, 다른 하나는 '시집가다'이다. 조선시대 혼례의 원칙으로 삼았던 『주자가례』에 따르면, 혼례 절차는 신부집에서 초저녁에 혼례상을 준비하고 어두울 때 도착하는 신랑을 촛불로 인도했다고 한다. 이런 예법에서 '장가가다'는 표현이 설명된다. 즉 장가가 장인, 장모라는 낱말에서 보듯이 신부 부모의 집이라면, 신랑이 신부의 부모집으로 가는 행위를 묘사한 것이 '장가가다'이다. 그리고 그런 행위를 신부집의 입장에서 보면 '장가오다'가 된다. 그러나 신랑이 신부의 집에 가는 것으로 혼례가 끝나는 것은 아니다. 혼례의 절차를 마치려면 신랑은 신부를 데리고 자기 집으로 돌아가야 하고, 다시 한번 새 사람을 맞아들이기 위한 잔치가 있어야 한다. 다시 말해서 신랑은 신부를 데려오기 위해서 장인집에 잠시 '머물(렀)다＝들(렀)다' 가 다시 자기 집으로 돌아가야 하는 것이다. 바로 이런 행위를 표현한 낱말이 '장가들다' 이다. 이때 '들다' 란 '잠시 머물고 떠나는 행위' 를 뜻하는 '들르다' 에 다름아니다. 이런 까닭에 신랑의 입장에서 신부의 부모를 한자로 '빙장聘丈, 빙모聘母' 라 했고, 이때의 '聘' 은 '귀에 대고 안부를 묻는 정도' 를 의미한다.

혼례의 하이라이트

따라서 혼례의 핵심은 신랑이 신부를 데리러 신부집으로 가는 행위가 아니라, 신랑이 신부를 데리고 자기 집으로 돌아오는 과정이다. 바로 여자의 움직임이 혼례의 하이라이트라는 말이다. 그런 까닭에 '혼婚' 은 여자를 중심 축으로 하여 만들어진 것이라 생각할 수 있다. 여자가 혼례의 주인공이어야 한다는 전통적 의식은 아직도 우리 혼인 문화에 남아 있다. 다만 그런 의식이 많이 변질되어 아쉬울 따름이다. 혼인날의 여자는 세상의 어떤 여자보다도 아름답다. 그 때문에 신부화장이라는 상혼까지도 판을 친다. 물론 여자는 아름다울수록 좋다. 그러나 옛 어른들은 그런 외형적인 아름다움에 의해 여자를 혼례의 주인공으로 삼지 않았다. 그분들이 여자를 주인공으로 삼았던 까닭은 혼인을 계기로 여자가 새로운 모험을 떠났기 때문이다. 안정된 보금자리를 떠나 새로운 세상으로 떠나는 행위였기 때문이다. 그리고 그 세상을 나름대로의 철학을 가지고 가꾸어가기를 기대했기 때문이다. 그렇게 될 때, 장래에 나라를 떠받쳐줄 동량이 가정이라는 울타리 속에서 만들어질 것이라 희망했기 때문이다. 그러나 무조건 여자에게 기대만 한 것은 아니다. 그 여자에게 가정 운영의 전권을 주었고, 그에 따른 대우를 했다. 과거에 어떤 남편도 아내에게 낮춤말을 사용하지 않았다. 그만큼 공경했다는 증거다. 그런데 그런 여자가 사라져버렸다. 그뿐 아니라 여자를 그렇게 대우하려는 남자마저 사라지고 보이지 않는다. 이제부터라도 그런 여자와 남자의 모습을 다시 찾아야 한다. 혼란을 해결하기 위한 치유는 눈에 보이는 현상을 치료하는 미봉책이 아니라 근본에서 출발해야 한다. 가정이 모든 사회 현상을 만들이네는 근본임을 다시 한번 강조해둔다. 그리고 그 가정을 꾸려갈 책임은 여자에게 주어져 있었다. 그로 말미암아 여자는 그에 합당한 대우를 받을 수 있었고, 무엇보다 소중한 존재로 여겨졌던 것이다.

4. 곰과 여자

요즈음 저녁에 혼례식을 치러서 화제가 되는 경우가 종종 있다. 이런 현상이 나타나는 이유는 여러 가지가 있겠지만, 경제적인 면이 가장 클 것이다. 혼인 당사자의 친구들은 물론, 부모의 친지들까지도 초대해야 하는 입장에서 경제 활동을 하는 사람들을 낮시간이나 휴식을 필요로 하는 주말에 초대하는 것은 여간 실례가 아닐 수 없다. 하지만 앞에서도 보았듯이, 혼례를 저녁에 올리는 것은 원칙으로의 복귀라고 말할 수 있다. 오히려 지금처럼 낮에 혼례를 올리는 것이 변칙인 셈이다.

그런데 왜 혼례는 저녁에 치렀던 것일까? '혼婚'이란 한자에서 보았듯이, '혼昏'은 땅거미가 내린 저녁을 뜻한다. 혹자는 주인공인 여자가 음이기 때문에, 음기가 활발해지는 저녁에 여자를 맞아들이

는 것이 당연하다는 음양론으로 설명하기도 한다. 그러나 무언가
미심쩍다. 이제 그 이유를 찾아보자.

검은색과 여자

우리는 가끔 주인공의 이름과 더불어 쓰인 영화 제목을 볼 수 있
다. 예를 들어, '브루스 윌리스의 다이하드'와 같은 것이다. 주인공
의 이름을 부각시켜 많은 사람의 관심을 끌어보자는 의도로 보인
다. 행사의 이름을 붙일 때에도 주인공을 부각시켜, 주인공의 영향
력을 주변 사람들에게 각인시킬 수 있다. 혼례도 이와 같은 경우라
생각한다. 앞에서 혼례식은 저녁에 치르는 것이 원칙이라고 했다.
그리고 그때의 주인공은 여자라고 했다. 저녁은 땅거미가 지면서
어두워지는 시기이므로 그 색은 검은색이다. 그럼 우리의 의식 속
에서 검은색이 음양적으로 음에 속한다는 사실 이외에 여자와 어떤
관계가 있는 것일까?

'가마와 시집'에서 가마는 아마도 검은색이었을 것이라고 말했
다. 그러나 혼례식의 한 도구에 불과한 가마 때문에 혼례식을 저녁
에 치렀다고 단정하기란 부족하다. 앞에서 말했듯이 주인공을 부각
시켜야 한다.

성경에서 모든 여자의 어미는 '하와'다. 그럼 우리 민족에서 여자
의 첫째는 당연히 단군설화에서 등장하는 '곰'이다. 동물이 기분
좋지 않다면, 그리고 단군설화가 신화가 아니라 역사적 사실이라면
'곰'은 그저 동물이 아니라 '웅녀熊女'라는 이름의 여자였다. 그는
단군 왕검의 어머니로서 우리 민족의 어머니가 된다. 그러나 '웅

녀' 역시 '곰'을 상징해주고 있음에는 틀림없다. 따라서 '곰'과 여자의 관계는 우리의 의식 속에 무언가 연결고리를 가지고 있었을 것이라 추론된다.

웅녀가 되는 여자

'곰'의 옛말은 '고마'였던 것으로 여겨진다. '고마'는 혼례식에 필요한 '가마'와 소리의 성격상 그렇게 다르지 않다. 그리고 가마는 색을 칭하는 낱말 '가맣다'에서 온 것이다. 따라서 '곰'은 검은색을 띤 동물이 된다. 검은색을 띤 곰은 곧 우리 민족의 어머니인 '웅녀'를 상징한다. 웅녀는 단군 왕검을 낳았다. 우리 민족을 있게 해준 것이다. 위대한 탄생을 이룩해냈다. 그런 위대한 창조를 위해서 어두운(검은) 굴 속에서의 고통을 참아냈다.

그런 웅녀의 후손인 여자가 혼례를 치른다. 우리 옛 어른들은 여자와 남자가 치르는 혼례를 환웅과 웅녀의 만남으로 보았다. 웅녀에게서 단군 왕검을 얻었듯이, 위대한 탄생을 기대했다. 단군설화에서 단군이 탄생하기까지 주인공은 분명 웅녀였다. 이와 마찬가지로 씨를 이어줄 웅녀와 같은 여자를 만나기 위한 과정인 혼례식의 주인공은 당연히 여자가 되어야 했다. 그리고 그 혼례식은 최대한 웅녀의 모습을 떠올릴 수 있어야 했다. 웅녀는 검은색이었다. 여자의 몸이 검은색이 될 수 없다면 검은색으로 보일 수 있는 분위기를 만들어야 했을 것이다. 그런 분위기는 해가 떨어지고 땅거미가 내리는 어두운 저녁이 최적이었다. 환한 대낮에는 모든 것이 원래의 색으로 보일 것이기 때문이다. 저녁에는 모든 것이 검은색으로 뒤덮인다. 웅녀의 분위기를 만들어주기에 너무도 적당하다. 또 하나! 가마는 검은색이라 했다. 여자는 가마를 타고 시집을 간다. 웅녀가 어두운 굴 속에서 백일을 견디며 환웅을 기대했던 모습이 떠오른다. 이런 모든 과정에서 여자는 우리 민족의 어머니인 웅녀가 된다. 적어도 혼례식에서만은 웅녀가 된다. 곰은 우리가 생각하는 것처럼 결코 미련하지 않다. 어떤 동물보다도 조심스럽고 현명하다. 우리가 여자에게서 기대하는 것도 바로 그런 면이 아닐까 싶다. 그리고 모든 여자가 실제로 그렇게 신중하고 현명했다.

대한민국의 경제는 세계에서 가장 짧은 기간에 성장한 것으로 인정받는다. 그런 성장에는 많은 노동자와 경영자들의 노력이 있었다. 그러나 그런 노동자와 경영자가 있게 해준 존재였던 과거 우리 어머니들의 숨은 공헌은 계산되지 않는다. 그 때문에 가정을 알뜰히 키워온 아내의 역할이 무시되었다. 몇 년 전 우리가 IMF를 맞아 어려움을 겪은 이유가 무엇이겠는가? 많은 사람들이 국가 경영자, 다시 말해서 대통령을 비롯한 정부 관리, 금융권 그리고 대기업 사주들의 적절치 못한 경영 때문이었다고 탓한다. 그러나 돌이켜보면, 소수에 불과한 그들의 말에 솔깃하여 중심을 잃었던 수많은 가정들도 그 책임을 면할 수 없다. 이 때문에 우리는 항상 겸손하고 근검절약했던 과거의 현명한 아내와 어머니가 그립고, 더욱 그들을 필요로 하는 시대를 맞이하고 있다.

5. 고마운 여자

누군가 우리에게 크든 작든 은혜를 베풀어주었을 때, 우리는 어
김없이 '고맙습니다' 하고 인사를 한다. 세상을 살아가면서 무언가
한 가지만 잘해도 된다고 할 때, 인사를 잘하는 것도 능력이라 할
수 있는 시대이기도 하다. 그런데 사전에 있는 것만으로는 '고맙
다' 라는 낱말의 본뜻을 찾기란 불가능하다. 우리가 찾고자 하는 의
문은 왜 그런 은혜의 베풂을 받았을 때, '고맙다' 라고 인사하게 되
었을까 하는 점이다. 그리고 그 낱말이 여자와 어떤 관계가 있는가
하는 점이다.

곰과 고마움
일단 '고맙다' 는 '고마+ㅂ다(종결어미)' 로 나누어질 수 있다. 다

시 한번 '고마', 즉 '곰'이 발견된다. 우리에게 '곰'은 단순한 동물을 넘어서, 민족의 어머니 웅녀를 상징한다. 웅녀는 하늘에서 내려온 환웅의 아내가 되어 우리 민족의 시조인 단군 왕검을 낳았다. 환웅은 신神이었다. 웅녀는 인간이었지만, 신과 혼인함으로써 신이 되었다. 게다가 '곰'의 원형이 신을 뜻했던 '굠'이었다면, 이런 추론은 더욱 타당성을 가진다. 신이란 우리에게 어떤 존재인가? 숭배의 대상이다. 언제나 선의를 베풀고, 사랑을 나누어주기 때문이다. 기독교 신자들이 항상 '참 고마우신 하나님…' 하고 기도를 시작하듯이, 신은 우리가 언제나 감사를 표해야 할 존재다. 결국 '고마'에 종결어미가 더해진 '고맙다'는 인사는 신에 대한 감사의 표시다.

'고마'는 '곰'이라 했다. 우리의 의식에서 '곰'은 웅녀를 의미한다. 또한 웅녀는 여자의 대명사다. 여자를 미련한 곰과 비유해서 기분 나쁠 이유는 없다. 우리가 곰에 대해 잘못 알고 있어 생기는 오해일 뿐이다. 우리에게 곰은 신성한 동물이다. 다시 말해 신으로 숭상받는 동물이 되어야 한다. 그 이유는 자명하다. 바로 우리 민족을 잉태한 웅녀를 상징하는 동물이기 때문이다. 따라서 여자는 신이다. 적어도 신적인 존재로 존중받아야 할 존재다. 신에게 하듯, 여자에게도 감사해야 한다. 그런 감사의 표현을 궁극적으로 여자를 의미하는 '고마'에 근거하여 '고맙다'라고 표현한 것은 당연한 귀결이라 할 수 있다.

잊혀진 신

이렇게 볼 때, 여자는 본질에서부터 고마운 존재다. 한 집안의 딸에서 '가마'를 타고 시집온 여자에게는 더욱 감사해야 한다. '가마'를 타는 순간부터 다시 한번 신적인 존재로 상승하기 때문이다. '가마'는 '고마'이기 때문이다. 또한 '고마'가 '곰'이 되듯이, '가마'는 그 자체로 신을 의미하는 '검'이 될 수 있기 때문이다. '가마'를 타고 시집온 여자란 누구인가? 바로 며느리고, 아내며, 어머니다. 그런 여자를 남편은 공경하고, 자식은 존경해야 한다. 그런 자세를 우리가 일상에서 사용하는 낱말이 전해주고 있다. 하지만 지금은 이런 자세를 잃고 있다. 왜 그렇게 되었을까? 그 이유는 역사 · 문화 · 사회학적으로 찾아야 할 것이다. 더 큰 문제는 여자가 '곰'과 같은 존재가 아니었다는 의식에 있다. 여자가 신으로서의 자격을 박탈당한 시대의 자료에서 여자의 모습을 찾은 데서 생기는 오류다. 물론 역사적 자료는 객관적 사실임에 틀림없다. 그러나 우리는 500년 전이 아닌 원래의 여자를 찾아나서기로 했다. 그리고 원래의 여자는 신神을 뜻하던 '검'과 다름없음을 보았다.

　이제 여자는 완전히 망각된 신이 되어버렸다. 이제 여자의 본질적 모습을 되찾아주어야 하며, 여자를 그런 의식에서 올바로 대우해야 할 것이다. 대신에 여자도 그런 대접을 받기 위한 준비가 필요하다. 그 준비란 가정을 뛰쳐나가 돈을 벌고, 세속적인 말로 밖에서 자아를 찾는 것만이 아니다. 이제 남자만 믿고 가정을 지킬 시대가 아니라고 말한다. 단순히 자아실현의 문제를 떠나서, 의식주의 문제를 해결하기 위해서도 여자가 팔을 걷어붙여야 하는 시대라고 말한다. 서구 사회의 모습이 그렇다. 그러나 영국의 정신과 전문의 존 볼비(John Bowlby)의 "어린 자녀는 먹을 것을 탐하듯이 어머니의 사랑과 어머니의 존재를 갈구한다. 어머니의 부재는 필연으로 아이에게 상실감과 분노를 불러일으킨다"는 경고는 그런 자세가 미래의 토대가 될 자녀들을 위해서 결코 바람직한 사회 현상이 아님을 지적하고 있다.

오히려 우리 옛 어른들이 가르쳐주신 여자의 처신이 옳다는 것이 그것으로 증명되기에 충분하다. 여자에게 주어진 자아가 무엇인지에 대해서는 '가마'와 '고마'에 있다. 바로 그런 모습이 될 때, 웅녀가 신으로 승격되어 숭배의 대상이 될 수 있듯이, 세상의 모든 여자는 고마움의 대상이 될 것이며, 우리 가정은 결코 서구 사회가 흉내내지 못할 위대한 국가를 만들어갈 기초를 이루어낼 수 있을 것이다. 또 그렇게 될 때, 아무런 개성도 없이 무작정 유행을 좇는 현재와도 같은 풍습에서 탈출할 수 있을 것이다. 우리나라의 여자는 갈대라고 했다. 갈대는 이리저리 흔들리지만 결코 뿌리를 잃지 않는다. 그러나 지금 우리 주변에서 남녀의 모습을 보면 갈대의 겉모습일 뿐, 땅속에 감춰진 것을 보여주지 못하고 있다. 어쩌면 뿌리째 떨어져 나간 모습이다. 뿌리를 찾는 것은 결코 고리타분하고 무가치하고 비창조적인 행위가 아니다. 그 행위가 바로 내 자신을 똑바로 세울 수 있는 작업의 출발이 된다. 또한 그 행위를 위한 출발이 바로 우리가 일상에서 사용하는 낱말의 원래 뜻을 곰곰이 생각해보는 깊은 성찰에 있다.

6. 이현실씨에서 이현실로

언제부턴가 사회 생활을 하는 여자들에 대한 호칭이 달라지고 있다. 70년대, 아니 80년대만 하더라도 여자는 손쉽게 영어의 '미스'를 사용해서, '미스 ○' 라고 부르는 것이 보통이었다. 그런데 요즈음에는 여자에게도 남자에게와 마찬가지로 '○○○씨' 한다. 여성운동계가 만들어낸 산물이다. 이런 현상으로 적어도 호칭면에서는 여자도 남자와 동등한 차원에 이르게 되었다고 자부할지도 모른다.

'씨'의 정체

이때의 '씨'는 한자 '氏'일 것이다. 성姓과 같은 뜻의 氏는 땅속의 굽은 나무뿌리가 지상으로 조금 나온 형태를 본뜬 상형자라고 한다. 뿌리의 일부분이 땅을 뚫고 솟아나온 데서 같은 뿌리를 지닌 종족을 의미하는 씨족氏族이란 낱말이 만들어졌다. 이렇게 보면 '氏'는 순 우리말에서 종자種子를 뜻하는 '씨'와 별다를 바가 없다. 어떤 '씨'든 간에 '씨'는 뿌리를 말한다. '씨'는 한 동아리를 의미할 뿐이다. 따라서 개인의 이름에 '씨'를 붙인다는 것은 언어의 논리상 모순일 수 있다.

이런 점에서 과거에 남자를 호칭하기 위해서, 그 남자의 이름 뒤에 '씨'를 붙인 것도 잘못일 수 있다. 성 밑에만 쓰이는 것이 논리적으로 옳다. 예를 들어, '강씨'라는 호칭은 가능하지만, '깅리'성씨'라는 호칭은 적어도 언어의 논리상 모순이다. 게다가 '씨氏'는 존대의 뜻을 지닌 접미어다. 물론 개인에게도 존대를 표할 수는 있지만, 집단에게는 언제나 존대를 표하는 것이 원칙이다. 예를 들어, 학생 개개인에게는 낮춤말을 사용해도 무방하지만, 교실에 모인 학생 전체를 대상으로 할 경우에는 언제나 경어를 쓰는 것이 예다.

호칭의 방법

그렇다면 여자의 호칭에서도 '이현실씨' 하면 잘못이다. 남자의 호칭이 잘못된 이유와 같다. 여성의 권익 신장도 중요하지만, 언어를 깨끗하고 올바르게 보존하는 것도 그에 못지않게 중요하다. 아니, 훨씬 더 중요하다. 비록 언어가 세월이 지날수록 타락하는 것이 원리라고 하지만, 그 이유는 우리가 언어에 대해 무감각하고 무지하기 때문이다. 언어를 보존하는 것은 우리의 마음을 보존하는 것과 같다. 무조건 남의 것을 숭상하는 신 사대주의적 사고에서 벗어나는 지름길도 어찌 보면 우리 한글을 깨끗하게 보존하는 데서 시작될 수 있을 것이다. 따라서 현재 남자의 호칭을 '○○○씨' 한다고 해서, '씨'가 존대의 표시라고 해서, 무조건 여자에게도 그렇게 호칭해달라고 요구하기보다는 좀더 깊은 연구가 필요하다. 물론 이런 일은 국어학계에서나 할 일이지, 여성학계가 할 일이 아니라고 변명할 수도 있을 것이다. 그러나 이런 자세는 학문을 하는 사람의 자세가 아니다. 여성학은 사회학의 일부이고, 사회학은 결국 사람의 복지와 정신 건강을 위한 학문이다. 그리고 그런 학문의 발전은 비록 세계화 시대이기는 하지만 내 민족의 발전을 위한 것이어야 한다. 과연 내가 속한 민족의 발전에서 내가 사용하는 우리말은 어떤 위치에 있는 것인지 진지하게 생각해볼 때다.

'이미 자연스럽게 사용하고 있는 낱말을 어떻게 교정할 수 있단 말인가?'라고 반문할 수도 있을 것이다. 그러나 학문을 하는 사람으로서, 사회를 이끌어가는 지도층으로서 잘못을 인지하지 못한 채 잘못된 흐름에 편승하여 휩쓸린다면 더이상 학문을 거론하지 말고, 여성의 조건에 대해 거론할 자격을 상실하는 것이라 여겨진다.

호칭의 방법

그럼 호칭을 어떻게 해야 할까? 직책을 가진 사람은 직책으로 부르면 그만이다. 부장이면 '○ 부장', 과장이면 '○ 과장'이다. 직책이 없는 사람이 문제다. 여자뿐만 아니라 남자도 그렇다. 개인적인 생각으로는 이름만으로 충분하다. 그렇다면 영어와 같아지는 것 아니냐고 비난할지도 모른다. 그러나 잘 생각해보자. 우리가 지금 '강리성씨'라고 하는 것은 결국 '미스터 강리성'에서, '이현실씨'라고 하는 것은 결국 '미스 이현실'에서 미스터와 미스가 '씨'로 바뀐 것에 다름아니다. 오히려 이름 뒤에 아무 짝에도 쓸모없는 '씨'를 붙인 것이 영어의 잔재다. 이색이 남긴 『목은집』에서 인용된 다음 글을 보자.

> 기유년에 과거에 장원한 문생 유배유는 그가 사는 집에서…
> 그런 때문에 중니가 일찍이 말하기를…
> 청주 추동에 곽씨의 전당이 있었다
> 곽씨의 할아버지 장원공은…

이처럼 개인은 이름만으로 호칭하고 있다. 심지어 위대한 공자마저도 그의 사字인 중니로 칭하고 있다. 하지만 '씨'가 붙으면 오로지 성姓만 같이 쓰인다. 마지막 예에서 곽씨는 분명히 특정한 개인이다. 그럼에도 '씨'와 더불어 쓰임으로써 이름이 드러나지 않는다. 오로지 뿌리인 성만으로 특정화된다. 이런 쓰임새에서 '씨'는 같은 동아리, 즉 같은 울타리 속에 있다는 우리라는 개념을 강조하는 것이다. 따라서 이름 뒤의 '씨'는 순전히 영어의 영향이며, 언젠가부터 쓸모없이 붙은 사족일 뿐이다. 앞의 예에서 보듯이, 오히려 당신의 이름만을 불러줄 때 당신의 정체성이 더욱 두드러지는 것이다. 그것에 '씨'가 붙으면 비록 존대의 의미라도 그 본래적 의미가 우리말의 종자와도 같은 '씨'가 되어, 당신만의 정체성은 사라지고 당신은 한 동아리 속의 흔적 없는 분자로 전락하고 마는 셈이다. 따라서 여자도 자기만의 목소리, 자기만의 이름을 갖고자 한다면, 그저 이름만으로 충분하다.

7. 아가씨와 각시

앞에서 '씨'는 한자어든 순 우리말이든 간에 뿌리를 표현해주는 낱말이라 했다. '氏'는 뿌리에서 땅을 뚫고 나온 가지를 형상화한 한자어고, 우리말의 '씨'는 땅을 뚫고 나오는 것의 근본을 이루기 때문이다. 따라서 하나의 근본에서 출발하여 만들어지는 것들, 쉽게 말해서 잎과 꽃 그리고 줄기는 모두 같은 동아리에 속한다. 우리가 되는 셈이다. 내가 있지만 근본적으로 그것들은 모두 우리라는 하나의 울타리에 속하기 때문이다.

'씨'가 사용된 낱말 중에서 그것이 한자인지 순 우리말인지 판단하기 어려운 경우가 있다. 예를 들어, 아가씨와 아저씨라는 낱말이다. 아저씨에 대한 분석은 차후에 있을 남자의 정체성을 다룰 책에서 보기로 하고, 여기에서는 아가씨만을 보도록 하자. 아가씨는 젊은 여자를 대접해서 칭하는 낱말이다. 따라서 이때의 '씨'를 한자 어 '씨'로 볼 수 있다. 왜냐하면 큰사전에 따르면, 상대를 존대해서 부르는 접미사는 우리말 '씨'가 아니라 한자 '씨'라고 되어 있기 때 문이다. 또다른 증거도 있다. 아가씨와 비슷한 것으로 받아들여지 는 '아기씨'다. 아기씨는 시집갈 나이가 된 여자를 아랫사람이 부 르는 호칭이었고, 오빠의 아내가 시누이를 높여 칭하는 낱말이다. 두 경우 모두 존댓말이다. 게다가 요즘에는 아기씨가 특히 두번째 의미에서 아가씨로 변질되어 쓰인다. 아기씨가 아가씨가 된 셈이 다. 이 경우에도 '씨'는 한자로 이해할 수 있다. 그러나 큰사전에는 결코 그렇게 기록하지 않고 있다. 아가씨나 아기씨에서의 '씨'를 순 우리말의 일부로 표기할 뿐이다.

'씨'의 의미

그렇다면 이때의 '씨'는 종자種子라는 뜻으로 쓰인 것이다. 다시 말해서 아가씨와 아기씨는 모두 종자라는 뜻을 포함한다. 이제 아 가와 아기의 뜻을 찾아서 아가씨와 아기씨의 뜻을 헤아려보기로 하자.

아가씨 → 아가 + 씨(종자)
아기씨 → 아기 + 씨(종자)

아가나 아기는 어린아이를 뜻한다. '아가'가 '아기'보다 더 정답 게 들릴 뿐이다. 이렇게 분석할 때, 민간속설에서 아주머니를 아 (기)주머니라고 해석하듯이, 아가씨나 아기씨는 '어린아이를 낳기 위한 씨를 받을 사람'이라 해석된다. 종족 보존을 위한 생산자의 기능을 부각시킨 것이다. 두 낱말 모두 어린 여자를 칭하기보다는 어느 정도 성장한 여자를 가리킨다. 특히 아기씨에서 보았듯이 시집갈 나이가 된 여자를 칭한다. 그렇다면 생산의 기능을 충족시키기에 충분하다. 여기까지의 해석은 결코 여자에게 기분 좋지 않을 것이다. 왜냐하면 자손의 번성을 위한 수단으로 쓰이고 있다는 느낌을 주기 때문이다.

이제 혼인 후를 보자. 갓 혼인한 여자를 '색시'라 한다. '새색시'라고도 한다. 그런데 '새악시'라는 쓰임이 있는 것으로 보아, '새색시'는 '색시'에서 '새新'가 붙어 '갓'이란 뜻을 더욱 강조하는 낱말로 여겨진다. 그런데 흥미로운 사실은 여기에서도 '씨'가 발견된다는 점이다. 다음과 같은 분석이 가능하기 때문이다.

새색시 → 새(新) + 색시

색시 → 새(新) + 악시

악시 → 아기씨(아가씨)

결국 색시도 아가씨다. 아가씨가 생산의 도구로 그친다면, 색시 역시 새로 들어온 생산의 도구에 다름아니다. 어머니에서 '엄'을 '암컷'으로 보는 것과 마찬가지가 된다. 그러나 우리는 어머니의 '엄'에서 생산의 도구를 넘어 고향이란 의미를 찾았다. 그럼 아가씨는 어떨까? 단순히 생산자에 그치는 낱말일까? 그렇지 않다. 적어도 우리말에서 여자의 모습은 그렇게 간단한 것이 아니다.

젊은 여자

아가씨, 아기씨, 색시 등의 낱말에서 주목할 것은 모두가 '젊은 여자'를 가리킨다는 점이다. 우리말에서 젊은 여자는 각시라 불린다. 각시란 젊은 여자 혹은 어린 계집을 가리키는 말이다. 그런데 조선 중종 22년에 발간되어, 우리말 고어 연구에서 귀중한 자료로 사용되는 『훈몽자회』를 보면, 한자어 '氏'가 '각시'로 해석되어 있다. 그런데 앞에서 우리는 '氏'를 뿌리며 씨라고 해석했다. 그렇다면 젊은 여자는 뿌리며, 씨라고 설론 내릴 수 있다. 아가씨, 아기씨, 색시 모두가 뿌리고, 씨다. 그럼 무엇의 뿌리고 무엇의 씨인가? 젊은 여자는 혼인을 하여 가정을 이룰 미래를 지닌 사람이다. 그들은 혼인이란 제도를 통해서 남자와 더불어 가정을 만든다. 따라서 여자는 가정이란 울타리를 만들어낼 뿌리고 씨앗인 셈이다.

뿌리가 없으면 줄기가 있을 수 없고, 꽃이 있을 수 없다. 이와 마찬가지로 여자가 없다면 자식이 있을 수 없고, 남편은 위안받을 품이 없다. 여자는 단순한 생산자가 아니다. 창조자의 위치로 올라선다. 생산자는 기계적으로 움직이지만, 창조자는 생각을 한다. 줄기와 꽃이 튼튼하고 아름다운 나무가 되기 위해서는 건강한 뿌리가 필요하다. 이와 마찬가지로 행복한 가정을 만들어가기 위해서는 건전한 생각을 가진 어머니가 있어야 한다. 따라서 여자는 행복을 만들어갈 뿌리와 씨, 근거를 가진 사람이다. 다시 말해서 어머니는 생명의 근원이다. 아름다운 줄기와 꽃을 가진 무성한 나무로 자라기 위해서는 적절한 토양과 거름이 있어야 한다. 토양과 거름은 씨로 하여금 생명을 창조하도록 하는 밑받침이다. 같은 원리로 여자에게

도 아름답고 행복으로 가득한 가정을 만들어갈 수 있는 도움이 필
요하다. 그 도움은 남편의 몫이다.

8. 각시와 뿌리

이제는 듣기 힘들어진 순 우리말을 손꼽아 헤아려본다는 것이 거의 무의미할 지경에 우리는 살고 있다. '각시'도 그중에 하나다. 도시에서는 전혀 들을 수 없고 깊은 시골에서, 그것도 연세가 지긋한 어르신한테서나 들을 수 있는 낱말이 되고 말았다. 이처럼 듣기 힘든 낱말이 되다 보니, 그 낱말이 주는 어감마저도 짐작하기 힘들다. 이런 추세가 과연 올바른 것인지 단언할 수는 없지만, 세계화란 곧 지방화를 의미할 수도 있다는 점에서 옛날의 우리 것을 되찾는 작업도 의미 없는 일만은 아닐 것이다.

각시의 진정한 의미

각시는 주로 젊은 여자를 가리킨다. 그리고 앞에서도 언급했듯이, 『훈몽자회』에서는 한자어 '氏'를 '각시'라 해석한다. 이 때문인지 '각시'가 한자어 '各氏'에서 온 것이라 추정하기도 하지만, 앞에서와 같은 논리가 옳다면 이런 추정은 터무니없는 억측일 뿐이다. 이제 그 이유를 좀더 분명하게 따져보기로 하자.

그 이유를 밝혀가는 첫걸음은 당연히 '씨氏'가 어떻게 '각시'로 해석될 수 있느냐는 점이다. 이런 의문은 '각시'의 본뜻을 해석하는 것에서 시작되어야 한다. 일단 각시는 다음과 과정을 거쳐 발달해온 것으로 추정하는 이론이 일반적 경향이다.

갓+이(주격 조사) → 가시 → 각시

이런 변화에서 '각시'는 아내라는 뜻이 된다. 왜냐하면 3장의 가시버시에서 '가시'는 아내를 뜻하는 옛말임을 보았기 때문이다. 이제 '갓'의 의미를 살피기로 하자. 가장 먼저 떠오르는 의미는 '갓스물, 갓난아이' 등에서 보듯이 '금방, 이제 막'이란 뜻이다. 또한 '갓'은 가장자리邊를 의미할 수도 있다. 그러나 이때의 가장자리는 변두리를 뜻하는 낱말이 아니다. '갓 스물'이란 쓰임에서 보듯이, 이때의 가장자리는 '시작, 처음'이란 뜻으로 받아들여야 마땅하다. 이런 뜻에서 볼 때, '갓'은 새 집을 뜻하는 '시집'과 같은 맥락으로 짐작할 수 있다. 새롭다는 것은 결국 시작이기 때문이다. 우리는 앞에서 여자에게 시집이란 낱말이 갖는 원대한 의미를 경험했다. 새로운 집에서 새로운 철학으로 건강한 가정을 꾸려 위대한 나라를 만들기 위한 초석을 쌓는 작업이었다. 이런 까닭에 우리의 옛 어른들은 뿌리를 밝혀주는 근거가 되는 '氏'를 '각시'라 해석했을 것이라 추론해볼 수 있다.

다른 방향에서도 생각을 더듬어볼 수 있다. 우리가 요즘 자주 쓰고 듣는 '새끼'라는 낱말이 '삿 → 삭'의 변화에 의해 '삭+이(주격조사) → 삭기 → 새끼'로 발전되었다는 사실을 바탕으로, '각시' 역시 이런 변화를 겪었을지도 모른다고 추정해보는 것이다. 이럴 경우, '각시'는 다음과 같이 분석할 수 있다.

삿 → 각(妻)+씨(종자種子)

다시 한번 '씨'가 발견된다. 앞에서 보았듯이 모든 것의 근원이 되는 '씨'다. 과거의 책에서 해석한 것처럼 아내란 종자를 얻기 위해서 거두어들인 여자가 아니다. 씨알이 되어야 할 여자다. 가정, 더 나아가서는 나라의 씨알이 되어야 할 여자다. 그 씨알을 바탕으로 화목한 가정, 편안한 가정, 돌아오고 싶은 가정이 만들어진다. 이것이 여자의 숙명이다. 숙명이라 해서 어쩔 수 없이 소극적으로 받아들이는 것은 아니다. 어떤 생명체에게나 자연에 의해서 주어진 숙명이 있는 법이다. 남자에게나 여자에게나 마찬가지다. 자연의 법칙이다. 숙명을 이겨내는 것이 인간이라고 말한다. 그러나 그것은 자연의 법칙을 인간의 법칙으로 해석하는 것이다. 인간에 의해서 만들어진 숙명과 자연에 의해서 주어진 숙명은 구분되어야 한다. 자연의 법칙에 순응하는 것이 바로 환경이다. 환경이란 의미를 동양적으로 이해할 때, 우리는 자연에 의해서 우리에게 주어진 역할을 서로에 대한 차별로 생각지 않는 사회를 만들어갈 수 있을 것이다.

女子

'씨'는 우리말에는 존칭 접미사다. 아저씨나 아가씨에서는 분명히 그런 흔적을 느낄 수 있다. 색시 혹은 새악시에서도 존칭은 아닐지라도 어느 정도 조심스런 태도를 엿볼 수 있다. 그러나 '각시'에는 그런 뜻이 전혀 없다고 말한다. 게다가 '색시'라는 낱말은 더 타락하여 심지어 술집에서 시중드는 아가씨마저도 그렇게 부른다. 진정한 사회를 만들어가기 위한 씨알이 되어야 할 여자들, '각시'가 왜 그렇게 타락된 낱말로 쓰이는 것일까? 순전히 우리 잘못이다. 우리말을 극도로 천시하는 잘못된 문화 때문이다. 어디를 보아도 마찬가지다. 특히 공문서는 한자어 투성이다. TV에 출연하는 지식인들도 '영어로 말해서 죄송합니다'라는 사족을 붙이면서 영어를 사용한다. 초등학교 시절 으뜸화음, 딸림화음, 버금딸림화음이라는 멋진 낱말을 배웠지만, 음악에서도 점점 우리말을 잃어간다. 미술계는 특히 더 하다. 영어와 프랑스어, 심지어는 독일어까지 난무하고 있다.

초와 씨

초가 자신을 불태워 주변을 밝히듯, 씨는 스스로 썩어서 많은 생산물을 만들어낸다. 초에 버금가는 희생의 상징이다. 뿐만 아니라 발전의 상징이기도 하다. 그러나 초와 다르다. 초는 밖으로 드러내고 오만을 보이지만, 씨는 그렇지 않다. 자신을 드러내지 않는다. 땅속 깊이 숨은 뿌리일 뿐이다. 우리가 지금까지 보았던 어머니, 아내, 딸의 모습이 아닐 수 없다. 어찌 이런 여자에게 존칭을 붙여줄 수 없단 말인가! '각시'는 존칭이다. 극존칭으로 받아들여야 마땅하다. 이런 것을 모른 채 살아가는 우리 현실이 안타까울 뿐이다.

우리가 아무런 생각 없이 사용하는 일상의 낱말에서 여자의 희생적이고 발전적인 모습을 볼 때마다, 필자는 옛 어른들의 사려 깊음에 경탄을 금치 못한다. 그들은 자연의 법칙에 따라 여자를 그렸다. 그리고 그 여자는 언제나 인간으로서의 겸손과 인간으로서의 적극성을 지닌 인물이었다. '각시'에서도 그런 여자의 모습은 어김없이 발견되었다.

9. 처녀와 호랑이

'봄처녀 제 오시네 새 풀옷을 입으셨네…' 라는 노래 때문인지, 봄처녀라는 낱말은 자주 쓰이고 들려도 여름 처녀, 가을 처녀, 겨울 처녀라는 말은 듣기 힘들다. 따라서 처녀라는 낱말은 봄이란 계절과 어울려 쓰인다는 것이 우리의 의식이다. 뚜렷한 사계절을 가진 우리나라에서, 그리고 수없이 많은 처녀들이 어째서 봄이란 계절과 어울려 쓰이게 되었을까?

처녀處女란 '성숙한 미혼의 여자, 따라서 남자와의 성경험이 없는 여자' 를 가리킨다. 그런데 만약 한자의 형태를 무시한다면, 이때의 '처' 는 아내를 가리키는 '처妻' 와 음이 같다. 이렇게 생각해보면 처녀는 결국 어떤 남자의 아내妻가 될 여자를 의미하여, 남자에 의해서 장래가 결정되는 의존적 존재인 듯하다. 처녀인지 아닌지는 혼인을 전제로 하여 구분되기 때문이다. 이처럼 음으로서만 처녀를 분석하면 세상의 절반을 차지하는 여성들에게 여간 기분 나쁜 뜻이 아닐 수 없다.

호랑이 가죽을 쓴 여자

처녀는 한자어다. 따라서 '처處'에 대한 분석이 궁금하지 않을 수 없다.

處 → 虎(호랑이 가죽)+夊(걷다)+几(걸상)

이 문자는 처음에 夊와 几의 합자로서, 사람이 걸어서 걸상에 다가서서 멈춘다는 데서 '곳'이란 의미가 만들어졌고, 나중에 虎 부수가 덧붙어 지금의 '처處'가 되었다고 한다. 이때 덧붙은 虎는 음에 영향을 미치지 않는다. 따라서 '처處'에 담긴 뜻을 만들어내는 한 부분으로 해석할 수밖에 없다. 그런데 왜 하필이면 백수의 왕이라는 호랑이를 뜻하는 부수가 더해졌을까? 옛날에 여자가 가마를 타고 외출할 때, 특히 겨울이면 호랑이 문양을 한 담요—그것을 유식하게 말하면 '호포虎布'라 한다—로 가마를 덮었다는 사실이 '處'의 생성과 그렇게 무관하지 않을 것이다.

처處는 어떤 장소를 호랑이가 덮어주고 있는 모양이다. 다시 말해 어떤 장소를 누구도 범접하지 못하도록 호랑이가 굳게 지키고 있다. 호랑이는 모든 동물의 왕이다. 따라서 그곳은 무척 안전한 장소이다. 그리고 깨끗하고 맑은 곳이다. 색으로 말하자면 흰색이다. 이런 생각에서 사람이 한 번도 발을 들여놓지 않은 원시림을 처녀림

處女林이라 한다.

그런데 왜 맑고 깨끗한 그곳을 여자와 결합시켰을까? 여기에서 호랑이를 호랑이 가죽을 뒤집어쓴 사람이라 가정해보자. 호랑이 가죽을 뒤집어쓴 사람이 어떤 장소를 지키고 있다. 아직 그곳으로 들어가지는 않았다. 다만 아무도 들어서지 못하도록 지키고 있을 뿐이다.

이제 호랑이 가죽을 뒤집어쓴 사람이 남자라고 생각해보자. 남자에게는 호랑이와도 같은 민첩함과 용맹함을 요구했을 것이므로 이런 비유는 타당성이 있다. 이런 남자가 여자와 결합된다. 그렇게 하여 '처녀處女'라는 낱말이 만들어진다. 다시 말해 '處'는 호랑이 가죽을 뒤집어쓴 남자며, '녀'는 그 남자의 배필이다. 이렇게 하나가 된 둘은 아무도 밟지 않은 순백의 땅으로 들어선다. 그리고 그곳에 그들만의 세상을 만들어간다.

둘만의 시작

이상과 같은 추론은 어떤가? 앞뒤가 들어맞지 않는가? 아직도 미심쩍다면 더 확실한 증거를 제시해보자. '처녀'는 단지 '미혼의 여자'만을 뜻하지 않는다. 처녀비행處女飛行, 처녀작處女作 등의 쓰임새에서 보듯이, '시작'이며 '최초'라는 뜻을 갖는다. 우리는 앞에서 호랑이 가죽을 쓴 남자와 여자의 만남이 처녀라 했고, 그렇게 결합한 부부가 미지의 땅으로 들어서는 것이라 했다. 결국 둘의 만남으로 인해 전인미답의 땅에 들어설 수 있는 계기가 마련되는 셈이다. 이런 해석에서만 '처녀'가 시작이란 뜻으로 확대되는 것을 설명할 수 있지 않겠는가!

여기에서 전인미답의 땅이란 가시버시로 이루어진 한 쌍의 남녀가 만들어가야 할 가정이다. 오직 그들만이 만들어갈 수 있는 가정일 뿐이다. 그 누구도 대신해줄 수 없는 공간이다. 그 땅은 흰색이라 했다. 흰색은 모든 가능성을 전제로 한다. 그들이 어떤 가정을 꾸려갈지 아무도 알 수 없다. 그들이 노력하기에 달려 있다. 여기에서 여자의 역할이 필요한 것이고, 남자의 역할이 필요한 것이다.

'처녀'라는 낱말에서 우리가 찾을 수 있는 여자는 어떤 역할을 하는 존재인가? 남자는 비록 호랑이 가죽을 뒤집어쓰고 있더라도(제아무리 용맹스럽고 드높은 기개를 보여준다 하더라도), 눈앞에 보이는 땅으로 들어설 수 없다. 아예 자격조차 주어지지 않는다. 그 남자를 그 땅에 들어설 수 있게 해주는 사람이 바로 여자다. 달리 말하면 여자는 남자를 진정한 남자로 만들어주는 존재인 것이다. 여자와 함께 있지 못하는 남자는 반쪽의 사람일 뿐이다.

앞에서 우리는 남자는 홀수, 여자는 짝수라 했다. 홀수는 한자어로 기수奇數라 한다. 이때 기는 '奇 → 大(크다)＋可(가능함)'로 분석되어, '크게 될 가능성을 지님'이란 뜻이다. 따라서 남자는 크게 될 가능성을 지닌 사람이란 뜻이다. 그러나 여자를 만나지 못한 남자는 가능성만 있을 뿐이다. 그래서 여자는 짝인 것이다. 짝을 만나서 '處女'를 만들어갈 때, 그 남자의 가능성을 현실로 바꾸어갈 수 있는 것이다. 달리 말하면 여자란 남자의 원대한 야망을 현실로 승화시킬 수 있도록 만들어주는 존재다.

10. 누나

김소월의 '엄마야 누나야 강변 살자…'를 들어보지 못한 사람은 없을 것이다. 어린 시절 엄마에 대해 느꼈던 따뜻한 감정은 누나에게도 그대로 이입된다. 누나는 엄마를 대신하는 존재였다. 아니, 엄마보다도 더 따뜻한 정을 느끼게 해주는 사람이었을 수 있다. 그렇기에 이제 고향을 떠나 강을 끼고 있는 풍치 좋은 곳으로 옮겨가려는 마당에, 어머니와 더불어 가는 것은 당연하지만 이제 곧 멀리 떠나가야 할 누나까지도 불러보는 것이다.

대체 우리의 의식 속에 있는 누나의 위치는 무엇이었을까? 왜 김소월의 시는 그토록 감동을 주는 것일까? 단지 '엄마야 강변 살자…'고 해도 지금과 같은 감동이 느껴질까? 아닐 것이다. 누나라는 낱말 때문에 김소월의 시는 우리에게 더욱 감동을 주는 것이다.

어머니를 대신하는 누나

누나는 누이이기도 하다. 누이의 옛말은 '누의' 다. 문제의 핵심은 '누' 라는 글자에 있다. 한자에서 단순히 여자를 가리키는 '女' 의 발음이 '누' 라는 사실만으로는 설명이 부족하다. 단순히 여자라는 뜻으로 우리 의식에 새겨진 여자가 그처럼 감동을 줄 수는 없기 때문이다. 또한 그토록 따뜻함을 느끼게 해주었던 존재에게 그렇게 단순한 이름이 붙었을 리 없다.

누나 혹은 누이는 '누' 이기도 하다. 비록 방언으로 알려져 있지만, '누님' 이란 낱말의 존재로 보아 '누' 의 정체성은 더욱 분명해진다. 누나님이나 누이님은 쓰이지 않아도, 누님은 너무도 자연스레 쓰이기 때문이다. 그럼 '누' 에서 만들어지는 낱말을 생각해보자. 가장 먼저 떠오르는 것이 있다. 우리가 하루도 빠뜨리지 않고, 매일같이 반복하는 것이다. 바로 '누다' 라는 낱말이다. 생리적으로 똥이나 오줌을 몸 밖으로 배설하는 행위다. 우리의 누이를 이처럼 배설 행위와 비유한다는 것을 모독으로 생각할 수는 없다. 그것에서 바로 '누이' 의 모습을 찾을 수 있기 때문이다. 이제 한걸음 더 나가보자. 스스로 배설 행위를 할 수 없는 때가 있다. 어렸을 때다. 그리고 치매에 걸린 노인들이다. 그들을 위해서는 적절한 시간마다 배설물을 쏟아내도록 해야 한다. 그런 행위를 표현하는 동사가 바로 '누이다' 이다. 여기서 '누이' 를 찾을 수 있다. 게다가 '누이' 를 줄인 말이 '뉘' 고, 여기에서도 '뉘다' 라는 동사가 만들어진다. 이런 추론이 너무 지나친 비약일까?

어찌 생각하면 똥이나 오줌은 회피의 대상이다. 어머니가 아니면

감히 접근마저 꺼려진다. 그러나 누이는 그렇지 않았다. 나의 가장
더러운 것마저도 어머니를 대신해서 처리해주었다. 누이는 좀더
영리했다. 내 몸이 더렵혀질까 두려워 미리 그것들을 배설하도록
해주었다. 내 배설물을 그녀의 손으로 만지는 것이 두려웠기 때문
은 아니었다. 나를 사랑했던, 너무도 사랑했던, 어머니의 사랑을
뛰어넘을 만큼이나 사랑했기 때문이다. 이처럼 누이는 사랑의 화신
이며 희생의 본보기다. 그러나 그것으로 만족하지 않았다. 영리하
고 현명했다. 우리가 찾던 헌신적이면서도 현명한 여자가 바로 누
이였다.

길쌈하는 누나

또 하나의 비약적 추론을 시도해보자. 누이에는 또다른 의미가
있다. 황해도 사투리에서 누이는 누에를 뜻한다. 그 줄임말 '뉘' 는
전라도, 경상도, 충청도에서 누에라는 뜻으로 쓰인다. 뿐만 아니다.
누이를 칭하는 함경도 사투리 '뉘비' 역시 누에를 뜻하기도 한다.
한반도 거의 전역에서 누이는 누에와 같은 음으로 쓰이고 있다. 이
런 우연의 일치가 무엇을 의미하는 것일까? 어쩌면 처음에 누이는
누에와 같은 음을 지니고 있었을지도 모른다. 그렇다면 누이와 누
에는 근본적으로 같은 뜻에서 출발한 것일 수 있다. 이런 추론이 옳
다면, 누이의 본뜻은 바로 누에에서 찾아볼 수 있을 것이다. 누에란
명주실을 만들어내기 위한 원초적 생명체다. 명주실은 값비싼 비단
을 만들어내는 기초적 원료가 된다. 또한 비단은 옷을 짓고, 이불을
짓는 재료다. 과거에는 이런 모든 과정을 집에서 치러냈다. 물레라

는 도구와 길쌈이라는 생산적 노동을 칭하는 낱말을 기억할 것이다. 명주실로 비단을 만들고, 비단으로 옷을 짓는 행위는 집안 여자의 몫이었다. 실로 천을 만들어내는 작업을 칭하는 길쌈은 엄청난 인내가 필요한 작업이다. 그리고 정성까지도 필요하다. 어머니 곁에 다소곳이 앉아 그런 과정을 돕는 누이, 그런 작업을 눈썰미로 깨우쳐가는 누이, 바로 그런 누이의 모습이 우리 머릿속에 남아 있다.

우리는 첫딸을 살림 밑천이라 한다. 이런 말이 언제부터, 왜 생겼을까? 자리면 집안 살림을 돕게 하려는 마음에서 만들어진 말일까? 바로 20년 전의 상황에서도 그랬듯이, 대부분의 집안에서 첫딸을 그렇게 활용했더라도, 오직 그 이유뿐이었을까? 이제 우리는 '첫딸이 살림 밑천'인 이유를 분명하게 알 수 있다. 첫딸은 손위 누이, 즉 누나다. 누이는 누에다. 누에는 값비싼 비단의 원료를 자아내는 생명체다. 이 때문에 첫딸은 살림 밑천이란 말이 만들어졌을 것이라 생각한다. 따라서 '첫딸은 살림 밑천'이란 말은 단지 아들이 아닌 딸을 낳았다는 위안의 말로 그치는 것이 아니다.

누이는 어머니를 대신해서 어린 시절의 우리를 헌신적으로 보살펴주던 여자다. 그리고 누에에서 실을 뽑아 천을 만들고, 그 천으로 우리가 입을 옷을 지어주던 여자다. 어머니가 미처 채워주지 못한 것을 대신해서 채워주던 여자다. 우리에게 조건 없는 사랑을 쏟았던 어머니처럼, 누이도 우리에게 그런 사랑을 베풀어주었다. 바로 누이였기에, '엄마야 누나야 강변 살자…'는 시구는 우리 가슴을 더욱 저리게 만드는 것이다.

맺음말

2~3장에서는 어머니와 아내의 여자로서의 역할이 글쓰기의 주
된 방향이었다. 그런 여자에게 나머지 가족들은 어떻게 대우해야
하는가를 말해주는 곳이 바로 딸과 그에 관련된 낱말을 찾을 수 있
었다. 누구나 성장하면 짝을 맞아들인다. 우리는 그것을 사람이 살
아가는 데 중요한 네 가지 중의 하나로 받아들였다. 그래서 관혼상
제冠婚喪祭라 한다. 세상을 살아가는 데 필요한 네 가지 예의범절을
말한 것이다. 우리가 주목하는 부분은 혼례다. 혼례는 의존의 세상
을 떠나서 독립의 세계로 출발하는 것을 의미한다. 그 혼례의 주인
공이 바로 여자였다. 우리는 그 증거를 한자 '혼婚'에서 찾았고,
'가마'란 낱말에서 찾았다.

여자에 대한 보답은 더 나아간다. 혼례를 치른 남자와 더불어 꾸
며갈 가정의 주인공인 여자를 우리는 신으로 승격시켰다. 단군의
어머니 웅녀가 신이 되듯이, 가마를 타고 온 아내와 장래의 어머니

도 신이 되었다. 그리고 신에게 감사하듯이, 우리는 여자를 고마운 존재로 여길 뿐이다. 여기에는 어떤 경멸도 없고, 무시도 없다. 그들이 보여준 희생적이고 순교자적인 모습에 우리는 신에게 하듯 고마워한다.

물론 서로에 대한 물질적 교환은 없다. 서로를 가슴속으로 생각함이 있을 뿐이다. 그것으로 족하다. 왜냐하면 그들은 '우리'라는 하나이기 때문이다.

5장
자연과 여자

자연은 신이 쓴 책이며, 신의 예술이다.

자연은 생명의 터전이다. 하늘이 자연이며, 하늘에 떠 있는 태양과 구름도 자연이다. 우리가 발을 딛고 있는 대지도 자연이다. 대지를 적셔주는 강물도 자연이다. 또한 하늘과 대지를 이어주는 비雨도 자연이다. 우리가 이 세상을 살아가는 데 없어서는 안 될 모든 것들이다. 그런데 이 모든 것들이 여자를 향하고 있다. 믿어지는가? 이제 그 믿음을 확인하기 위해서 우리는 이런 현상을 칭하는 낱말들을 추적해갈 것이다.

인간은 자연을 정복하려 한다. 인간의 역사는 자연을 정복해온 역사다. 자연은 인간을 싫어한다고 데카르트가 말했다. 그러나 그 역사는 서구의 역사일 뿐이다. 우리의 역사는 다르다. 우리 옛 어른들이 생각했던 역사는 서구식의 그런 정복이 아니었다. 자연과의 친화였다. 자연에서 여자의 모습을 보았다. 아니, 여자에서 자연의 모습을 기대했다. 자연은 정복의 대상이 아니었다. 물론 여자도 정복의 대상은 아니었다. 자연과 친화해야 하듯이, 여자와도 하나가 되어야 했다. 그리고 하나가 되기 위한 원리를 자연에서 찾았다. 자연은 여자를 향하고 있기 때문이다.

1. 여자와 물

우리는 음양오행陰陽五行이란 것을 알고 있다. 오행을 나타내는 목木, 화火, 토土, 금金, 수水는 다음과 같이 음양으로 나뉜다. 물론 음에 속하는 것은 여자를 상징하고, 양에 속하는 것은 남자를 상징한다.

오행	목	화	토	금	수
음양	양	양	중앙	음	음

이런 구분에 따르면, 물을 뜻하는 '수水'는 음에 속한다. 물은 여자를 상징하므로, 여자는 곧 물이다. 그런데 물의 옛말은 '믈'이고, '믈'은 물 이외에도 '굴窟'을 가리켰다. 굴은 축축하다. 충청북도 단양의 유명한 동굴인 고수동굴에 다녀온 사람이라면 누구나 경험

하였듯이, 동굴은 습기로 가득하다. 이런 점에서 동일한 낱말, 글에서 '물'과 '굴'이 파생된 것은 우연이 아닌 듯하다.

굴과 생명의 탄생

굴이 우리의 의식에서 상징하는 바는 무엇일까? 숨겨진 것이며 감춰진 것이다. 그런 까닭에 개방적이고 객관적인 성향을 연상시키지는 않는다 오히려 감상적이고 남에게 드러나기 싫은 듯이 수줍다는 느낌이 든다. 각박한 이성적 정신세계보다는 따뜻함을 선세로 한 감상적인 마음의 세계를 향하고 있다.

게다가 굴은 여자의 성기를 비유적으로 표현하는 낱말로 사용되기도 한다. 단군을 낳았던 웅녀도 굴에서 생활했다. 다시 말해 굴에서 단군이 만들어진 것이다. 이런 상징성은 우리가 여자의 성기를 통해서 탄생되는 것을 의미한다. 따라서 굴은 탄생의 자리다.

우리는 이 세상의 빛을 보기 전에 어머니의 자궁을 채운 양수羊水 속에서 헤엄을 치며 생명을 이어왔다. 양수는 물이다. 이런 점에서 물은 생명의 원동력이다. 따라서 여자는 생명의 원동력이다. 이렇게 우리는 여자가 가족의 생명을 지켜주는 바탕이 되기를 원했다.

물의 속성

물은 삼키는 것인 동시에 삼켜지는 것이다. 우리는 목이 마르면 물을 마시고 삼킨다. 그러나 홍수와 해일과 같은 물은 모든 것을 삼켜버린다. 극단적인 양면성을 띤 것이 바로 물이다. 여자는 어떤가? 수줍기 한이 없던 여자가 한을 품으면 오뉴월에도 서리가 내린다는 속담이 있다. 이런 점에서 여자는 이성적인 존재라기보다는 감성적인 존재, 감정에 좌우되는 존재다. 그러나 감성적이라 해서 무절제하지 않다. 앞에서도 말했듯이, 갈대처럼 뿌리가 깊고 움직이는 폭만큼 주변을 감싸주는 존재다. 오행론에서 말하는 물의 속성은 바로 그런 것이다. 물은 생명이며 진정제다.

남자는 목木과 화火다. 나무, 즉 식물이고, 불이다. 식물이 자라기 위해서 반드시 필요한 것이 두 가지 있다. 바로 햇빛과 물이다. 해에 대해서는 다음에 보기로 하고, 여기에서는 물과 식물의 관계를 생각해보자. 물이 없으면 식물은 말라 죽는다. 가뭄의 경우를 생각해보자. 여름에 가뭄이 들면 추수가 걱정이고, 가을에 가뭄이 닥치면 다음해 농사가 걱정이라고 야단이다. 앞에서 농사란 생명의 근본이라 했다. 그래서 농사는 '짓는 것'이라고도 했다. 물이 없으면 땅이 갈라지고 농사는 불가능하다. 논과 밭의 식물들은 말라 죽는다. 결국 물은 농사를 가능하게 해주는 원동력이며 생명이다. 농사란 식물을 기르는 것이다. 따라서 그런 식물을 기르는 데 물은 없어서는 안 되는 반드시 필요한 요소다. 다시 말하면 남자는 여자 없이는 살 수 없다. 여자는 남자를 있게 해주는 역할, 남자로 하여금 남자답게 행동할 수 있게 만들어주는 동력인 셈이다.

남자는 불이기도 하다. 불은 모든 것을 태워버린다. 태워버린다는 것은 파괴다. 창조적 파괴가 아니라 무차별적 파괴다. 불같은 성미란 말을 한다. 주로 남자의 성격을 표현하는 데 쓰이는 표현이다. 불을 사그라지게 만드는 것, 쉽게 말해서 꺼주는 것은 무엇인가? 물이다. 여자다. 물과 불을 서로 합해질 수 없는 것, 상극相剋으로 볼 필요는 없다. 오히려 상생相生이다. 이처럼 남자의 불같은 성격을 억눌러주는 진정제와도 같은 역할이 바로 여자, 아내에게 주어져 있다.

물론 물은 극단적 양면성을 갖는다. 그러나 적절한 물, 달리 말하면 수신修身된 물은 만물에 생명을 부여하는 원동력이다. 이 때문에 우리는 여자가 현명하기를 요구한다. 현명함은 수신에서 오는 것이기 때문이다. 또한 물은 투명하다. 우리말로 하면 맑다. '물'과 '맑다'가 같은 어원에서 파생되었다는 사실두 흥미롭다. 물의 속성은 맑다는 것이다. 그렇다면 여자도 맑은 것이 원칙이다. 맑다는 뜻은 '다른 것이나 더러운 것이 섞이지 않은 것'이다. 깨끗함이다. 깨끗함은 흰색을 연상시킨다. 그래서 백색미인白色美人이라고 하지 않던가! 물은 무슨 색인가? 무색이다. 우리 개념에 무색은 흰색이다. 이런 까닭에 우리가 여자에게 깨끗하기를 요구하는 것도 무리는 아닌 듯싶다.

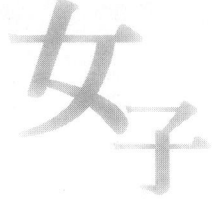

2. 이름 없는 여자, 형체 없는 여자

혼인한 여자는 자신의 이름을 잃어버린다. 이름 없는 여자가 되는 것이다. 이 때문에 여성운동가들은 이제 잃어버린 여성의 이름을 사용하자는 캠페인을 벌인다. 이름을 다시 사용함으로써 여성으로서의 정체성을 되찾자는 운동이라 이해된다. 물론 철학에서도 논란이 있듯이, 이름은 그것에 해당되는 사물 혹은 객체를 존재하게 해주는 중요한 인자가 되므로, 충분히 설득력 있는 운동이라 생각된다.

이름이 없다는 것은 혼인하기 전, 처녀 시절의 이름을 잊고 지낸다는 뜻이다. 모든 기혼 여성이 자신의 본래 이름을 잃은 채, '○○○ 엄마'가 되어버린다. 이제 그런 질곡을 떨쳐버리고, 본래의 정체성을 되찾자는 뜻에서 처녀 시절의 이름을 사용하려는 운동을 우리는 라디오 프로그램에서 언제든지 확인할 수 있다. 이제 여자들은 '○○○ 엄마'에서 '○○○ 씨'가 되었다.

길들이기에 바탕을 둔 우리

그러나 이런 운동을 '나'와 '우리'라는 관점에서 살펴보면 그렇게 바람직하지는 않다. 누군가의 아내가 된다는 것은 지금까지 독립된 개체로서 자기만의 세상을 꾸려가던 사람이 가정이라는 울타리를 만들어가기 위해 희생하는 셋이라 생각하기 때문에 '나'의 정체성이 문제시된다.

우리는 생텍쥐페리의 『어린 왕자』에서 가장 감동적인 부분이었고, 오랫동안 기억에 남는 부분을 어린 왕자와 여우의 대화에서 찾는다. 여우는 어린 왕자에게 '길들이다'는 낱말을 사용한다. 길들인다는 것은 상대를 나에게 길들인다기보다 서로에게 길들여지는 것으로 이해되어야 한다. 자기만의 개성을 희생함으로써 '우리'라는 동아리가 만들어진다는 가르침을 전해주는 부분이다.

경쟁을 근간으로 하는 사회 생활에서는 자기만의 정체성을 드러내 보여주는 이름이 절대적으로 필요할 것이다. 그러나 양보와 희생을 전제로 하는 가정에서는 그렇지가 않다. 가정에서는 '나'보다는 '우리'가 우선되어야 한다. 이런 원리는 남자인 남편에게도 마찬가지다. 적어도 경쟁이 필요 없는 곳에서는 내가 속한 동아리를 먼저 내세우는 것이 우리의 의식이다. 이 때문에, 우리는 여전히 '내 집'이 아니라 '우리 집', '내 책'이 아니라 '우리 책'이라고 한다.

물과 그것을 담는 용기

이런 관점에서 '여자는 물이다' 라는 명제는 너무도 적절하다. 물은 형체가 없다. 물의 형체는 용기에 따라 만들어진다. 사각형 용기에 들어가면 사각형을, 원형의 용기에 들어가면 원형을 만들어낸다. 용기는 남자다. 그렇다고 여자의 형체가 남자에 의해서만 결정되는 것은 아니다. 물이 용기를 선택할 권리도 분명히 있다. 물의 양에 따라서 적절한 용기가 결정되기 때문이다. 그러므로 여기에서 조화가 필요하다. 물과 용기가 서로 어울리도록 조화가 필요하다. 용기가 작아서 물이 넘치지 않도록, 용기가 비어 보일 만큼 물이 부족하지 않도록 둘 사이에는 어울림이 필요하다. 그렇지 못하면 남는 물을 과감히 쏟아버리고, 남는 용기를 잘라내는 희생이 필요하다. 그것이 바로 화목한 가정을 만들어가는 지름길이며, 조상들이 우리에게 가르쳐준 '우리' 라는 공동체를 만들어가는 최선의 길이다.

그렇다고 꼭 이름을 지워버릴 필요는 무엇인가? 앞에서 나는 '우리' 를 위해서 '나' 를 용해시켜야 한다고 했다. 적어도 우리 가정을 드러내는 부분에서 '나' 는 존재하지 않는다. 나를 비롯한 가족 구성원 모두가 함께 있을 뿐이다. 따라서 내 가정에서 있어서, 나는 더이상 '강주헌' 이 아니며, 내 아내도 '이현실' 이 아니다. 다만 내 아들의 이름을 빌려, '리성이 아빠' 며, '리성이 엄마' 일 뿐이다. 그 이상 그 이하도 아니다. 그렇게 함으로써 우리 가족은 더욱 깊은 사랑을 느낄 수 있고, 서로 더욱 희생하려는 자발성을 가질 수 있다.

이런 자기 희생적인 모습을 선두에 서서 보여주는 존재가 바로 어머니인 여자다. 아무런 형체도 없는 물처럼 남편에 맞추어서, 자식에 맞추어서 언제나 희생적이고 자애로운 모습으로 자유롭게 변신할 수 있는 어머니인 셈이다. 물론 이런 희생을 어머니에게만 강요하지는 않는다. 앞에서도 말했듯이 남편인 남자도 가정이라는 용기, 즉 집을 짓기 위해서 그의 의도만 주장할 수는 없다. 그릇의 크기와 물의 양이 서로 어울릴 때 아름답게 보이듯이, 소위 가장이라 불리는 남편과 가정을 책임지는 아내가 서로 힘을 주고, 의지하며 이이들을 테운 수레를 앞으로 끌고 갈 때, 아름다운 가정을 이룰 수 있을 것이다. 그것이 바로 남편과 아내라는 존재에게 주어진 역할이기도 하다.

3. 해와 여자

식물의 성장을 위해서는 두 가지가 필요하다고 앞에서 말했다. 하나는 물이었고, 다른 하나는 해다. 여자를 상징하는 물이 남편을 비롯한 가정의 생명수로 귀결된다는 것에 대해서는 이미 앞에서 살펴보았다. 이번에는 해와 여자의 관계를 알아보기로 하자.

하얀 해

해의 옛말은 '히'다. 그리고 이 낱말에서 파생되는 동사가 바로 '히다'이며, 그 뜻은 '희다白'이다. 결국 우리는 눈에는 붉은색이나 노란색으로 보이는 해가 과거에는 '흰색'으로 표현되었다. 놀랍게도 해가 백색 왜성의 일종이라는 현대천문학의 분류를 옛 조상들이 알고 있었던 것처럼 느껴질 지경이다. 태양광이 아무런 색이 없는 백색광이라 칭해진다는 점에서도 해와 '흰색'의 관계는 무관하지 않은 듯하다.

어쨌든 해는 '흰색'이다. 그런데 여기에서 모순이 발견된다. 음양의 분류에 따르면 해는 양陽에 속하지만, 흰색은 음陰에 속한다는 사실이다. 그러나 우리 문화에서 해와 달의 상징성을 생각해볼 필요가 있다. 그 문화를 필자는 전래동화에서 찾고자 한다. 우리에게는 '해와 달이 된 오누이'라는 설화가 전해 내려온다. 그 설화에서 호랑이에게 쫓기던 오누이는 하늘나라에서 오빠는 해가 되었고, 누이동생은 달이 되었다. 그러나 설화는 그곳에서 끝나지 않는다. 누이동생은 밤이 무섭다고 오빠에게 하소연한다. 오빠는 누이동생을 위해서 그 역할을 바꾸기로 한다. 그 설화의 끝에서는 오빠가 달이 되고, 누이동생이 해가 된다. 여자가 해가 된 셈이다. 이 설화가 우리 민족의식을 반영하고 있다면, 앞에서 모순된 것처럼 보이던 해와 흰색의 연관성이 설명될 수 있다.

해의 뜻

해는 흰색이다. 흰색은 여자를 상징하는 색이다. 따라서 해는 여자다. 그럼 해의 뜻은 무엇일까? 해는 남자를 상징하는 식물木을 살아가게 하는 생명 에너지의 원천이다. 그렇다면 여자는 남자의 기운을 유지하기 위해 없어서는 안 될 존재다. 이런 의미가 바로 살림살이에 있다고 우리는 앞에서 설명했다. 아내의 살림살이는 그저 빨래하고, 청소하는 차원이 아니다. 모든 여자가 깨달아야 할 사실이다. 아내의 살림살이는 가정에 생명을 불어넣는 해와 같은 역할

女子

이며, 동시에 물과 같은 생명수라는 위대한 사실을 깨달아야 한다. 결코 물리적이고 비천한 역할이 아니다. 어떤 사회 활동보다도 숭고한 정신적 지지대며, 철학적 토대를 마련하는 역할이 아내의 살림살이에 있다.

그렇다. 아내라는 여자는 지지대며 토대다. 그저 모래밭의 기초가 아니라 반석으로 이루어진 기초다. 이런 의미를 '해'에서 찾을 수 있다. 해는 '희다'고 했다. 해의 의미를 흰색의 의미에서 찾을 수 있다. 가족이 세상을 떠나면 우리는 소복素服을 입는다. 소복이란 흰 천으로 만든 상복이다. 달빛을 어려운 한자어로 소광素光이라고 한다. 흰빛이라는 뜻이다. 소素는 '흰색'을 의미한다. 그런데 이 한자의 쓰임새를 보면, 또다른 뜻이 있다. 원소元素, 소재素材, 소질素質 등에서 보면 '바탕'이란 뜻으로 쓰인다. 결국 해는 흰색이기도 하지만 바탕, 즉 본래의 터전이라는 뜻이기도 하다.

또한 해는 여자라고 했다. 그렇다면 여자는 바탕이다. 바탕이 없으면 아무것도 세워지지 않고 만들어질 수 없다. 여자는 존재가 있도록 해주는 바탕이 된다. 그것이 바로 여자에게 주어진 역할이다. 남편을 남자답게 만들어주고, 자식을 장래의 주인이 되도록 만들어가는 기초가 바로 가정을 지키는 아내에게 있다. 그런 아내가 되는 방법은 식물의 성장을 위해 필요한 또 하나의 요소, 물에서 찾았다. 스스로는 아무런 형체를 갖지 않으면서 그들을 위해 자신을 용해시키는 순교자적 존재인 셈이다. 순교자는 아무런 보답을 원하지 않는다. 이름이 후세에 남기를 원하지도 않는다. 그러나 우리는 여자라는 순교자에게 고마움을 잊지 않는다. 앞에서 보았듯이, 우리는

여자를 '신(← 곰 > 굠)'과 동일시하면서 항상 고마운 존재임을 잊
지 않았다. 그리고 그들을 언제나 마음의 고향으로 생각하며 되돌
아가고 싶은 품으로 생각했다.

4. 직녀와 실

　음력 7월 7일은 견우와 직녀가 만나는 날이다. 게다가 그날이면 유난히 비가 자주 내려 견우와 직녀가 1년간 만나지 못하고 헤어져 있어야 했던 한의 눈물을 흘리는 날이라는 속설까지 전해진다. 이 제 우리는 견우와 직녀에서 여자의 모습을 찾아보기로 한다.

　견우牽牛는 문자 그대로 '소를 끄는 사람', 남자를 상징한다. 직 녀織女는 '실을 짜는 여자'이므로 여자를 상징하는 것은 당연하다. 직녀라는 명칭에서 우리는 여자의 역할을 분명하게 알 수 있다. 이 처럼 여자의 역할을 움직임이 적은 것, 다시 말해서 비활동적이고 실내에서 이루어지는 노동으로 한정하는 것 역시 여성운동가에게 는 못마땅할 것이다. 이런 불망을 가라앉히기 위해서도 '실을 짜는 행위'가 갖는 또다른 기능을 살펴보지 않을 수 없다.

실과 옷

우리는 앞에서 '옷을 짓는다' 는 개념을 살펴보았다. 단순한 육체 노동을 넘어서 창조라는 숭고한 행위임을 분명하게 찾아보았다. 옷을 짓기 위해서 재료가 필요하다. 그것이 바로 실이다. 그 실로 베, 즉 옷감을 만든다. 그런 다음에야 옷을 짓는 창조가 시작된다. 따라서 실을 이용해 베를 짜는 행위에서부터 창조의 과정은 시작되는 셈이다. 그 과정에서부터 옷이 완성되기까지는 오랜 인내와 끈기가 필요하다. 실제로 '직織' 은 실을 짜는 것만이 아니라, '무언가를 만드는 행위' 를 나타내기도 한다. 따라서 '직녀' 는 단순한 육체노동의 희생자가 아니라 창조적 역할을 하는 여인이다. 물론 그런 창조는 자신만이 아니라 가족 전체, 더 나아가서는 사회 구성원 전체를 위한 창조다.

그런 창조적 행위를 위해 필요한 기본 재료가 '실' 이라 했다. 우리는 남편과 아내를 '실과 바늘' 에 비유한다. 남편이 실이고, 아내가 바늘이다. 이런 비유는 남녀간의 성적 교접을 은근히 반영한 것이다. 우리는 직녀라는 낱말에서 다시 한번 여자의 역할을 발견한다. 실을 짜서 베를 만드는 사람이 바로 직녀이므로, 여자는 남자들을 적절하게 배열하여 하나의 완전한 틀을 만들어내는 존재다. 물론 이때의 틀이 가정이라면, 남자들이란 남편과 자식들일 것이다. 결국 여자란 남편과 자식들에게 힘과 용기 그리고 사기를 북돋 워주면서 적절히 조화시켜 완벽한 가정을 만들어가는 역할을 해야 한다.

여자는 실, 남자는 바늘

그런데 이런 상징성을 제외한다면 실이 남자로, 바늘이 여자로 여겨질 하등의 이유를 발견할 수 없다는 점이 이상하다. 반복하여 이야기했듯이, 수레를 앞에서 끌고 가는 것은 남자고, 여자의 역할은 뒤에서 밀어주는 것이라 했다. 이와 마찬가지로 실이 바늘을 끌고 다니는 것이 아니라, 거꾸로 바늘이 실을 끌고 다닌다. 실이 나가야 할 방향을 바늘이 결정하고, 실은 바늘이 지나간 길을 굳건히 다져준다. 이런 모습에서 여자인 실이 남자의 뒤치닥거리만 하는 것으로 이해할 이유는 없다. 오히려 남자가 하고자 하는 일을 뒤에서 묵묵히 뒷받침해주는 역할에 만족하는 겸손한 여인이다. 그러나 바늘만으로 아무것도 할 수 없다. 두 천을 서로 결합시키기 위해서는 실이 필요한 것이다. 실만으로도 그런 작업은 불가능하다. 실과 바늘, 둘이 합해질 경우에만 두 천은 하나가 된다. 따라서 실은 겸손한 여인이면서도 창조적인 작업에 빠짐이 없는 여자를 상징해주는 것이다.

여기에서 간과해선 안 될 것은 이상의 두 해석 중 어느 것을 택하든 여자는 결코 무능한 존재가 아니라는 점이다. 남자를 무작정 따라가는 여자는 더욱 아니다. 완전한 옷을 만들어내기 위해서 남자의 역할과는 다른 역할이 맡겨진 여자이며, 그 여자를 상징하는 것이 바로 직녀다. 이처럼 우리는 바늘과 실에서 다시 한번 역할의 분담을 배운다. 하나님이 사람을 남자와 여자로 구분하여 만들어낸 이유는 옷을 만든 위해서는 실만 있어서도 안 되고, 바늘만 있어서도 안 된다는 것을 가르쳐주시기 위한 것이다. 그 둘이 각자에게 주어진 역할에 충실할 때 옷이 만들어지듯이, 남자와 여자에게도 그들에게 주어진 역할이 무엇인가를 찾아서 그 역할을 다해야 함을 가르쳐주신 것이다.

5. 실과 물의 만남

우리말에 강보다 작은 물줄기를 칭하는 낱말들이 있다. 개울이나 시내가 그것들이다. 그러나 불행히도 이제는 그런 낱말들이 거의 쓰이지 않고 있다. 대부분의 사람들이 모여사는 도시를 관통하며 흐르는 시내들에 이름이 붙여지면서, 'OO시내' 대신에 'OO천川'이라 불려 시내라는 낱말은 거의 사라져버렸다. 예를 들어, 서울로 흘러드는 탄천炭川, 청주를 흐르는 무심천無心川 등이다. 이런 행정적 편의를 위한 이름 붙이기는 시골이라고 예외가 아니다. 필자가 살고 있는 작은 면 단위를 흐르는 시내 역시 청미천淸美川이라 불린다. 맑고 아름다운 시내라는 이름이 한자어인 청미천으로 변한 것이다. 이렇게 사라져가는 우리말을 간혹 다시 떠올리면, 잘못 받아들여지고 있는 세계화의 바람이 더욱 안타까울 뿐이다.

골짜기와 실

필자가 잘못 알고 있는 것이 아니라면, 우리는 평지나 골짜기를 가리지 않고 폭이 좁게 흐르는 물줄기를 시내 혹은 개울이라고 한다. 그리고 개울은 시내보다 좀더 작은 것으로 이해한다. 특히 개울은 큰 사전에서 '골짜기에서 흘러내리는 물줄기' 라 풀이되고 있다. 따라서 시내와 개울은 모두 골짜기와 관계를 갖는다. 그런데 골짜기를 의미하는 한자 谷을 자전에서 보면 흥미로운 사실이 발견된다. '谷' 을 '골 곡' 혹은 '실 곡' 이라 풀이하고 있다는 점이다. 따라서 '실' 도 골짜기를 의미하는 우리의 옛말로 추론할 수 있다. 실제로 필자가 살고 있는 곳에도 '앞실' 이란 동네가 있다. 그곳은 산을 끼고 있는 마을이다. 결국 '앞실' 이란 산을 등지고 자리잡은 마을을 가리키는 것이다.

시내의 옛말은 '실내 ← 실+내' 인 것으로 알려져 있다. 물론 이때의 '실' 은 골짜기를 의미한다. 따라서 시내란 '골짜기를 따라 흐르는 물줄기' 라는 해석이 쉽게 나온다.

'실' 이 골짜기를 의미한다는 사실은 적어도 두 가지 측면에서 생각해볼 수 있다. 첫째, 골짜기의 모습이 '실絲' 과 크게 다르지 않다는 점이다. 게다가 큰 골짜기를 따라 흘러내리는 물줄기는 시내라 칭하지도 않는다. 따라서 골짜기를 따라 흘러내리는 물줄기를 '실+내 → 시내' 라 칭한 것은 충분히 타당한 논리라 할 수 있다. 둘째, 개울이나 개천이란 낱말 앞에는 '실' 이 덧붙어 '실개천', '실개울' 이란 합성어가 될 수 있지만 '실시내' 라는 낱말은 만들 수 없다는 점이다. '실시내' 라 할 경우, 골짜기라는 내용이 두 번씩이나

女子

반복되어 쓰여 언어적 낭비라 여겨지기 때문일 것이다.

여기에서 우리가 주목하는 것은 실絲이 골짜기에 비유되면서, 시내라는 낱말이 만들어졌다는 사실이다. 앞에서 우리는 실이 여자라고 말했다. '내川' 자체는 물이 흘러가는 모습이며, 물은 여자를 상징한다. 결국 시내란 실이 흘러내리는 모습에 다름아니며, 따라서 시내는 여자의 속성의 갖는 것이라 추론된다. 이제 시내의 역할에서 여자의 역할을 찾아보기로 한다.

시내에서 찾는 여자의 역할

골짜기에서 흘러내리는 시냇물은 그 물줄기를 끼고 있는 마을의 생명수다. 밥을 짓기 위한 물이며, 갈증을 해소해주는 물이기도 하다. 뿐만 아니라 천하의 근본이라는 농사를 가능하게 해주는 물이기도 하다. 또한 지금에는 공장을 돌아가게 만들어주는 물이기도 하다. 그러나 시내는 우리에게 어떤 요구도 하지 않는다. 마을을 적시며 묵묵히 흘러갈 뿐이다. 그래서 우리는 그 시내를 더욱 고마워해야 한다. 하지만 우리는 그 고마움을 잊고 있다. 환경 파괴가 그 결과로 나타난다. 물은 더이상 마실 수 없을 만큼 오염됐다. 농업용수로도 쓰지 못할 정도로 더러워졌다. 우리가 물의 고마움을 잊었기 때문이다. 이제부터라도 물의 고마움, 특히 작은 골짜기에서 흘러내리는 작은 물줄기의 고마움을 다시 새겨야 한다. 환경 복구는 작은 것에서부터 시작되는 법이다. 이와 같은 논리가 가정에도 적용된다. 가정을 지키는 여인, 어머니의 고마움을 잊고 지내는 것이 지금의 실정이다. 여자가 차별받는다는 의식마저도 그것에서 비롯

되었을지 모른다. 어머니를 비롯한 모든 여자에게 인간으로서의 진정한 권리를 되찾게 해주는 것도 바로 어머니에 대한 감사를 되새기는 것부터 시작해야 한다. 그런 까닭에 가정을 지키는 여인을 무능한 여자로 매도해서는 안 된다. 그런 어머니야말로 진정한 여자일지도 모르니까 말이다. 직장 여성을 가정으로 되돌아가도록 하려는 음모가 여성의 평등권을 위태롭게 한다고 분노하듯이, 가정을 지키는 우리의 어머니를 사회로 내몰려는 움직임 역시 우리 사회의 근간인 가정을 위태롭게 만든다는 사실을 기억해야 한다.

6. 골과 여자

소득이 많아지면서, 여름이 오면 당연히 피서를 가야 하는 시대가 되었다. 대부분의 경우 피서지로는 산이나 바다가 선택된다. 특히 산을 찾아도 무작정 숲이 우거진 산이 아니라 맑은 물줄기가 흐르는 골짜기를 끼고 있는 산이라면 금상첨화다. 골짜기의 그늘로 따가운 햇살을 가리고, 골짜기를 따라 흘러내리는 차가운 시냇물에 발을 담그고 있으면, 적어도 그 순간만은 세상의 그 누구도 부럽지 않을 것이다. 여름만이 아니다. 가을이면 어김없이 모든 골짜기는 형형색색의 단풍으로 사람들을 끌어 모은다. 단풍으로 물든 골짜기에 들어서면 신선한 내음이 가슴을 설레게 하고, 자연의 오묘한 조화에 감탄하지 않을 수 없다. 그런 골짜기와도 같은 존재가 바로 여자다. 이렇게 말할 수 있는 근거 역시 앞에서 살펴본 바와 같다. 골은 실絲이기도 하며, 실은 여자를 상징하는 것이기 때문이다. 그럼 골에서 의미하는 여자는 어떤 여자여야 할까?

'얼'의 의미

'골'은 '얼＋골 → 얼골 → 얼굴'을 만들어내는 '골'이기도 하다. 현재의 '꼴'과 같은 낱말이다. 따라서 이때의 '골'은 사물의 생김새나 됨됨이를 의미한다. 그런데 옛말에서 '꼴'은 '골'이면서 '얼골'이기도 했다. 다시 말해, '얼골'에서 '얼'은 '골'을 수식해주면서 '골'의 모습이 어떠해야 하는가를 말해주는 낱말이라 생각할 수 있다. 따라서 '얼'의 의미를 찾으면 '골'에서 상징되는 여자의 모습을 찾아낼 수 있을 것이다.

그럼 '얼'은 무엇일까? 우리는 이 낱말을 3공화국 당시에 선포되었던 국민교육헌장을 통해서 귀에 딱지가 앉도록 들어보았다. '조상의 빛난 얼을 오늘에 되살려….' 따라서 '얼'은 정신이고, 넋이며, 혼魂을 의미한다. 이런 뜻으로 볼 때, '얼굴'은 '정신이 깃들어 있는 형상'이라 해석될 수 있다. 다시 말해서 그 얼굴을 가진 사람의 정신이 그대로 반영된 모습이라 해석되는 것이다.

우리는 어른들께 '나이가 사십줄에 이르면 자기 얼굴에 책임질 수 있어야 한다'는 훈계를 자주 듣는다. 공자의 『논어』에서 나이가 40세면 불혹不惑이라 하여, 세상 일에 쉽게 좌우되지 않고 스스로의 인생관에 따라 행동해야 한다고 가르치는 것도 같은 맥락이라 할 수 있다. 자기 얼굴에 책임을 진다는 것은 정신 상태, 곧 인생관이나 신념이 얼굴에 그대로 드러난다는 것을 의미한다. 이런 관점에서 우리가 찾던 '골'의 의미는 '정신이 깃든 형상'이라고 결론지을 수 있다.

얼은 색이다

그런데 '얼'에는 또다른 쓰임새가 있다. 우리는 어딘가에 부딪쳤을 때, '얼이 들었다'고 말한다. 쉽게 생각해서 '멍'이 든 것이다. '멍'이란 어딘가에 부딪쳐서 피부 속으로 퍼렇게 맺힌 피를 일컫는다. '얼' 역시 그런 것이라 생각할 수 있다. 그런데 멍은 시간이 지남에 따라 색이 바뀐다. 이런 의미에서의 '얼'과 '골'이 합해져서 '얼굴'이란 낱말이 만들어졌다면, 감정의 변화에 따라 붉으락푸르락하게 변하는 형상을 말하는 것이 얼굴이라 할 수 있다. 흥미로운 사실은 이런 색의 변화를 골짜기를 감싸고 있는 나무들이 계절에 따라 색을 바꾸는 모습에 비견해볼 수 있다는 점이다. 이처럼 '얼'은 '색色'을 의미한다. 따라서 '얼골'은 '색이 있는 형상'이다. 이런 해석에서 우리는 여자의 모습을 다시 발견할 수 있다. 여자는 얼굴에 화장을 한다. 화장이란 분이나 연지 등을 발라 얼굴을 곱게 꾸미는 행위를 뜻한다. 곱게 화장한 여자의 얼굴은 단풍으로 물든 산골짜기에 비길 바가 아니다. 바라보는 사람에게 즐거움을 주고, 마냥 안기고 싶게 만든다.

'얼'은 정신이며 색이라 했다. 정신은 감정과 다르지 않다. 철학적으로 그 차이를 따질 이유는 없다. 감정은 곧 생각이며, 생각은 곧 정신이기 때문이다. 감정에 따라 얼굴색은 변한다. 따라서 '얼'이 정신이며, 색이라는 사실에는 이견이 있을 수 없다. 마침내 '골'

에서 의미하는 여자의 모습을 찾았다. '얼골'은 여자가 정신과 색
을 지니기를 원한다. 어떤 정신과 색인가? 이때의 색은 남에게 즐거
움을 주기 위해 어쩔 수 없는 숙명으로서 갖추어야 할 색이 아니다.
그 정도의 색이라면 창녀에 다름아니다. 그리고 그때의 색은 창녀
로서의 정신만을 반영해 보여줄 뿐이다. 따라서 여자의 색은 여자
로서의 정신을 드러내 보여주는 적극적인 색이다. 그 색에서 상대
는 즐거움을 얻는다. 애인과 남편에게 그리고 자식에게 즐거움을
주기 위한 색이다. 그 색에서 애인으로서의 여자, 아내로서의 여자,
어머니로서의 여자가 상대에게 전해주는 정신적인 배려를 읽을 수
있다. 사실 우리는 하루에도 몇 번씩 아내의 안색을, 어머니의 안색
을, 애인의 안색을 살피며 그녀의 기분을 읽으려 하지 않는가!

7. 비와 여자

넘쳐도 힘들고, 부족해도 좋지 않은 대표적인 자연 현상이 바로 '비' 일 것이다. 극단적인 양면성을 갖는 가장 대표적인 현상이기도 하다. 따라서 그저 이른 비, 늦은 비로 적절하게 내려주는 비야말로 우리가 바라는 것이 아닐까 싶다. 그런 '비' 에서 여자의 모습을 발견할 수 있다고 말하면, 믿을 수 있겠는가!

'비'의 사회적 역할

비는 물이다. 따라서 음양적으로 당연히 음이다. '비는 여자다' 고 말하면, 너무도 아쉬운 감이 없지 않다. 이제 '비' 에서 여자의 사회적 역할이 무엇인지 알아보아야 한다. 첫째로 비는 모든 것을 씻어 내린다. 한여름에 찾아오는 장맛비는 국토를 대청소해주는 역할을 한다. 더러운 것을 모두 바다로 씻어내린다. 비 온 다음의 하늘을 본 적이 있는가? 너무도 맑은 하늘을 눈앞에 펼쳐준다. 특히 서울과 같은 대도시에서 비 온 다음의 하늘은 스모그마저도 씻어내어, 청명한 하늘을 볼 수 있게 해준다. 이런 점에서 '비雨'는 '부婦'에서 찾을 수 있는 '빗자루'를 의미하는 '비'와 같다. 후자의 비도 더러운 쓰레기를 쓸어 모은다. 그리고 그것을 쓰레기통에 버리도록 해준다. 그래서 집으로 돌아오는 자식과 남편이 깨끗한 집에서 편안함을 찾도록 민들이준다. 이처럼 더러운 찌꺼기를 쓸어내는 '비'는 어떤 것이 되었든 간에 깨끗함을 보장하기 위한 수단이다. 이처럼 하늘에서 내리는 '비'와 더러운 것을 쓸어버리는 '비', 그리하여 세상을 깨끗하게 만드는 비와 같은 역할이 여자에게 기대된다.

이른 비, 늦은 비

'비'는 깨끗함을 제공하는 것에서 그치지 않는다. '비'를 통해 우리가 여자에게 무엇을 기대하고, 여자를 어떻게 대우해야 하는지 알 수 있다. 앞에서 생명의 근본이라 했던 농사를 위해서 비는 때에 맞춰, 적당하게 내려주어야 한다. 넘쳐도 좋지 않고, 부족해도 힘들다. 넘치면 홍수로 변하여 모든 것을 파괴하고, 부족하면 가뭄이란 고통을 안겨준다. 때에 맞춘 비란 여자의 현명한 처신을 기대하는 구절이다. 모내기할 때 비가 필요하듯, 남편과 자식이 진정으로 그녀를 필요로 할 때 적절한 구원의 손길을 뻗쳐줄 수 있는 그런 여인이어야 한다. 현명하지 않으면 안 된다. 남편에게 무엇이 필요한지, 자식이 무엇을 원하는지 미리 알아야 하는 여자다. 그렇다고 노예는 아니다. 노예는 그저 시키는 대로 할 뿐이다. 스스로 알아서 하는 사람은 노예가 아니다. 오히려 주인이다. 여자는 노예가 아니다. 가정을 이끌어가는 주인이다. 이른 비, 늦은 비처럼 때에 맞춰 내려서 대지를 촉촉이 적셔주는 단비와도 같은 존재가 되어야 하는 여자다. 어찌 그런 여자를 단지 사회 활동을 하지 않는다고 무능한 여자로 매도할 수 있겠는가!

  적절한 비란 넘치지도 않고, 부족하지 않은 사랑을 의미한다. 여자는 사랑을 베푼다. 그러나 그 사랑은 무작정이 아니다. 현명하게 때에 맞추어, 필요한 만큼의 사랑을 베푼다. 남편이 원할 때, 자식이 원할 때 필요한 만큼의 사랑으로 그들의 사기를 높여준다. 지나친 사랑을 베풀어 자식을 패륜아로 만들지 않는다. 그토록 바라던 비가 내릴 때, 우리는 어떤 심정이었던가 생각해보면 충분하다. 그 사랑이 반드시 희생을 의미하지는 않는다. 사랑의 매를 들기도 하고, 바가지를 긁기도 한다. 사랑의 매에 자식은 다시 올바른 길을 찾고, 바가지를 긁힌 남편은 다시 한번 용기백배하여 사회로 뛰어나간다. 하지만 조심해야 한다. 사랑의 매와 바가지는 넘쳐서도 안 되고, 부족해서도 안 된다. 넘치면 반항하고, 부족하면 분노로 이어질 수도 있다. 비가 넘치면 홍수로 변하고, 부족하면 가뭄으로 연결되는 것과 같은 원리다. 때에 맞춘 비처럼 사랑의 매를 들고, 바가지를 긁을 시기도 잘 택해야 한다. 그래야 효력을 발휘할 수 있다. 여자 자신을 위해서가 아니다. 자식과 남편을 위해서다. 그러나 그들을 위한다는 것이 여자를 매몰시키지는 않는다. 자식과 남편 그리고 아내이자 어머니는 '우리' 라는 하나일 뿐이다. 이렇게 되기 위해서 현명한 여자가 되어야 한다.

이처럼 여자는 '비'와 같은 존재다. 왜 우리 옛어른들은 하늘에서 내리는 물에 '비'라는 이름을 붙였을까? 여자에게서 이런 비와 같은 모습을 바랐던 것은 아닐까? 만약 그렇다면 예부터 모든 여자의 바람을 표현해주었던 현모양처란 낱말이 그저 만들어진 것은 아닐 것이다. 이렇게 하여 모든 여자가 단비와 같은 여자가 되기를 다시 한번 소망해보는 것은 현시대에 너무 무리일까? 하지만 집안을 아틈답게 꾸미는 살림꾼으로 만족하려는 여자들이 있는 한, 그런 소망이 꿈으로 그치지는 않을 것이다.

8. 구름 같은 여자

우리나라는 사계절이 뚜렷하다. 덕분에 온갖 날씨를 다 경험할 수도 있지만, 사계절에 따른 옷을 준비하느라 경제적인 부담도 만만치 않다. 또한 한여름의 뜨거운 햇살이 내려쬘 때면, 그늘을 찾기에 바쁘다. 구름이 해를 가려주기라도 하면 고맙기 그지없다. 물이 불을 꺼주듯이, 구름이 뜨거운 햇살을 가려주기 때문이다.

만일 뜨거운 햇살이 내려쬐는 한여름에 가을처럼 맑은 하늘을 가지고 있다면, 그 뜨거움이란 이루 표현할 수 없을 것이다. 구름 한 점 없는 하늘은 주로 가을에 볼 수 있는 법이다. 뜨거운 여름에는 하늘에 군데군데 떠 있는 구름 덕분에 뜨거움이 조금이라도 식는다. 이렇게 자연의 섭리는 오묘하다.

여름은 붉게 타오른다고 말한다. 그래서 여름과 붉은색은 한 동

아리다. 게다가 둘 모두 음양적으로 양에 속한다. '붉다' 란 낱말은
'불火'에서 만들어진 것이다. 그런 붉은 불을 물이 식혀주고, 꺼준
다. 그리고 물은 흰색이다. 음양의 구분에서도 물과 흰색은 음에 속
한다. 놀랄 정도로 교묘하게 짝지어져 있다.

구름이란?

그럼 구름은 어떤가? 구름은 '검은 것'을 뜻하는 '구루 ← 가라'
에서 파생된 것이리 한다. 그렇다면 구름은 검은색이어야 한다, 그
런데 우리 눈에 보이는 구름은 흰색이다. 뭔가 앞뒤가 맞지 않는다.
게다가 우리말에는 검은 구름을 가리키는 먹구름이란 낱말도 있다.
따라서 구름 자체는 흰색이어야 함에 틀림없다. 그렇다면 '구루' 라
는 것에서 구름이 파생되었다는 가정은 음운론적이고 형태론적인
면에 지나치게 의존한 것이 된다. 이런 관점에서 낱말의 본뜻을 밝
히는 과정에서 중요한 것은 소리를 나타내는 부분에 치중하기보다
는 의미론적 탐색에 있어야 한다는 최창열 님의 주장에 전적으로
동의하고 싶다.

구름이 '구루' 에서 파생되었다는 생각은 구름을 뜻하는 한자 '雲
→ 雨(비)+云(말하다)' 에 근거한 것으로 보인다. 한자에서 구름은
'비의 전령' 을 뜻한다. 우리의 의식에서 비를 담은 구름은 먹구름
이다. 이렇게 구름을 먹구름과 동일시하면서, 구름을 검은 것이라
생각했을 가능성이 없지 않다. 구름과 먹구름은 분명히 구분되어야
한다. 구름은 물의 속성을 지니고 있으며, 물은 여자를 상징한다.
따라서 구름에서는 여자의 모습이 발견된다. 그뿐 아니라 구름은

두 가지 색이다. 흰색 아니면 검은색이다. 푸른색이나 붉은색은 없다. 우리가 소위 무채색이라 알고 있는 색뿐이다. 음양적으로 흰색과 검은색도 모두 여자를 상징하는 음에 속한다. 이 정도면, 구름에서 여자를 생각하더라도 아무런 비약이 없다.

구름은 가려주는 것

구름의 원의는 무엇일까? 구름은 비의 전령이기도 하지만, 햇빛을 가려주는 역할을 한다. 그래서 '구름'은 '가리다 → 가림'에서 파생된 것이라 생각할 수 있다. 이런 생각이 맞다면, 구름은 가려주는 것이다. 뜨거운 햇살을 가려주는 역할을 하는 것이 바로 구름이다. 햇빛 가리개다. 견딜 수 없이 다가오는 공격을 막아주는 방패다.

방패란 지켜주는 것이다. '다리와 여자'에서 어머니는 울타리라고 했다. 울타리란 구역을 표시해주는 경계다. 결국 울타리는 담이며, 안전을 보장해주는 방패가 된다. 따라서 어머니는 방패다. 방패의 안쪽은 안전하듯이, 어머니의 품안에서는 편안함을 찾을 수 있다. 구름이 뜨거운 햇살을 가려서 시원함을 주듯, 어머니가 만들어내는 가정이란 울타리는 모든 두려움과 불안을 떨쳐버릴 수 있는 곳이어야 한다. 거꾸로 말하면 어머니라는 여자, 아내라는 여자는 그런 가정을 만들어가야 하는 의무가 있다. 이것이 바로 여자에게 주어진 역할이며, 그 역할은 결코 생각처럼 보잘것없고 무가치한 것이 아니다. 그런 역할은 몸만으로 해내는 것이 아니다. 생각이 있어야 하고, 사리에 맞는 판단이 있어야 한다. 우리가 하늘에서 만나는 구름에서 바로 여자의 그런 역할을 상상할 수 있다.

9. 여자는 꽃이다

　설문조사를 유심히 살펴보면 재미있는 현상이 발견된다. 사회 생활을 하는 여자들에게 가장 듣기 싫은 말이 무엇이냐고 물어보았을 때, 1순위로 꼽힌 것이 '여자는 사무실의 꽃이다' 유형의 표현이다. 그런데 대부분의 여자들에게 애인이나 남편에게 어떤 선물을 받는 것이 가장 좋겠느냐는 질문을 받으면, '꽃'이라는 대답이 언제나 몇 손가락 안에 꼽힌다. 꽃은 여자가 가장 받고 싶어하는 선물 중에 하나다. 선물로 받고 싶어하는 이유는 십중팔구 꽃이 즐거움을 주기 때문일 것이다. 그래서 '여자는 사무실의 꽃이다'는 표현을 곧이곧대로 해석하면, '여자는 사무실에 즐거움을 주는 존재', 일종의 창녀로 전락해버린다. 이런 관념이라면 당연히 그런 표현은 배격되어야 한다. 하지만 우리는 왜 여자를 꽃에 비유하게 되었을까?

과연 꽃이란 무슨 뜻을 담고 있는 낱말일까? 이제 그 답을 찾아 보자.

여자는 왜 꽃인가?

'꽃' 은 예쁘다와 같은 뜻으로 쓰이는 '곱다' 의 '곱' 과 같은 어원 에서 출발한 것이라는 설이 있다. 그렇다면 꽃은 단순히 고운 것이 라는 뜻을 갖는다. 사실 어떤 꽃이고 예쁘지 않은 것이 없다. 심지 어 우리가 장난삼아 인용하는 호박꽃마저도 나름대로의 멋이 있다. 그러나 뭔가 부족하다. 우리 옛 어른들은 결코 이렇게 외형적인 특 징만으로 이름을 붙이지 않았다. 다른 식으로의 접근이 필요할 듯 하다.

'꽃' 의 옛말은 '곳' 혹은 '곶' 인 것으로 알려져 있다. '가시버시' 에서 보았던, '갓 → 가시' 와는 모음의 차이밖에 없다. 그럼 '갓' 을 '꽃' 과 어떻게 관련지을 수 있을까? 꽃을 '갓' 과 연결해주는 고리 는 신라 시대의 화랑花郞을 '가시나' 라고 칭했다는 점에서 찾을 수 있다. 화랑이 '가시나' 의 이두식 표기였다고 생각한다면, 꽃을 의 미하는 '화花' 의 우리말은 '가시' 였을 것이라는 추측은 거의 확실 하다. 물론 '랑郞' 은 '나' 의 이두식 표기였다. 결국 '가시나' 는 지 금도 경상도에서 여자를 뜻하는 것으로 자주 들을 수 있는 낱말이 며, '여편네' 에서 보는 것과 같은 '가시네' 라는 낱말은 '가시나' 에 서 발전된 것일 뿐이다.

그런데 현재의 '가시나' 는 여자를 칭하는 낱말이라는 점에서 문 제가 야기된다. 그러나 이런 문제는 화랑이 처음에는 처녀로 조직

되었다가, 나중에 처녀처럼 옷을 입은 총각들로 조직되었다는 역사적 사실로 설명이 가능하다. 그 때문에 이를 표현하던 이두식 표기도 처음에는 花娘에서 지금의 花郎으로 변천되었다고 한다.

이상에서 '곳' 과 '갓' 은 같은 뜻으로 밝혀졌다. 다시 말해서, '갓, 가시' 도 꽃을 뜻하는 옛말이다. 그런데 '가시' 란 무엇인가? 바로 아내고, 더 넓게 보아서는 여자다. 이렇다면 '꽃' 은 아내며, 여자와 그 뿌리를 같이 한다.

꽃은 아내다

이제 여자가 왜 꽃을 좋아하는지 이유를 알 수 있다. 그뿐 아니라 '여자는 사무실의 꽃이다' 라는 표현의 생성 이유를 추측할 수 있다. 먼저 첫번째 의문, 여자가 꽃을 좋아하는 이유는 설명해보자. 우리를 낳아주신 어머니가 언제나 마음의 고향이듯이, 누구나 본연의 것을 찾아가는 본능이 있다. 여자는 꽃을 보면서 자신을 본다. 꽃은 바로 여자 자신이기 때문이다. 무의식 속에 깊이 잠들어 있던 옛 형제를 만나는 셈이다. 환생을 믿든 믿지 않든 간에, 여자가 꽃을 찾는 것은 자신을 찾는 것이다.

'여자는 사무실의 꽃이다' 라는 말도 여자를 단지 장식품으로 여기려는 것은 아니다. 이렇게 생각하는 것은 꽃의 피상적인 의미만을 보기 때문이다. 그저 장식품으로만 비유하려 한다면, 왜 다른 것도 아니고 하필 꽃인가? 주변에서 쉽게 찾을 수 있는 것이기 때문인가? 하지만 꽃보다 찾기 쉬운 것도 있다. 우리가 꽃으로 공간을 장식하는 무의식적 습관 때문일까? 만약 무의식적 습관 때문이라면,

왜 그런 습관이 생긴 것일까? 꽃이 아내기 때문일 것이라 생각한다. 그런 등식이 우리의 의식 속에 깊이 뿌리내려 있기 때문일 것이다. 아내는 누구인가? 아내는 살림꾼이라 했다. 가정의 생명을 유지하고, 활기 넘치게 해주는 자양분이라 했다. '여자는 사무실의 꽃이다' 라는 것도 여자를 생명 없는 장식품으로 보려 했던 것이 아니다. 만약 여성운동권이 그렇게 해석한다면, 그리고 그 영향 때문에 대부분의 여자들이 그렇게 생각한다면, 우리의 의식에 담긴 꽃의 의미에 대한 무지를 보여주는 것일 뿐이다. 사무실의 꽃은 사무실에 생명을 불어넣는 존재여야 한다는 남자의 무의식적 바람을 간접적으로 드러낸 솔직한 말임에 틀림없다.

10. 여자는 땅이다

'여자는 땅, 남자는 하늘'. 남자는 크게 될 사람. 따라서 여자는 남자를 하늘과 같이 모셔야 한다. 나아가서 지아비는 하늘보다 더 높은 분이다. 남자들이 농담으로 해석하는 '지아비夫'에 대한 해석이다. 이런 이유 때문인지, 여자를 땅에 비유하면 곧잘 순종을 뜻하는 것으로 받아들이는 것이 요즘 현실이다. 그러나 땅은 결코 순종을 상징하지 않는다. 오히려 생명의 터전이다. 이제 여자는 왜 땅인가를 살펴보기로 한다.

땅은 흙이다
여자는 왜 땅인가? 우선 한자부터 살펴보자. 땅은 한자로 '지地'다. 분석하면 '土〔흙〕+也(~이다)'가 된다. 결국 땅은 '흙이다'라는 뜻이다. 흙은 본질적으로 검은색이다. 검은색을 뜻하는 '黑'을 우리는 '흑'이라 발음한다. 둘의 발음이 같은 것을 어찌 설명해야 할까? 검은색은 음양적으로 여자와 같이 음이다. 흑이 여자라면, 땅도 여자다. 그러나 이 정도의 설명으론 충분하지 않다.

땅의 옛말은 '짜'이다. 그러나 '짜'에는 '땅'이라는 뜻 이외에도, '곳'이란 의미가 있다. '곳'은 꽃을 의미하는 옛말의 한 형태라고 했다. 그리고 꽃은 '가시'와 연결되어 여자를 의미하는 것이라 했다. 그렇다면 땅이 여자라는 우리의 쓰임은 과거의 쓰임에서 어긋나는 것이 아니다. 결국 '여자는 땅이다'.

하지만 '땅'과 더불어 쓰이는 '곳'은 독립된 형체를 지닌 꽃을 떠나서 공간의 어떤 지점을 나타낼 수 있다. 또한 꽃의 옛말은 '곳'과 함께 '곶'이 있다고 했다. 우리는 '곶'의 흔적마저도 공간을 뜻하는 낱말에서 찾아볼 수 있다. 우리가 즐겨 부르는 노래에도 등장하는 '장산곶'에서 '곶'은 바다의 튀어나온 부분을 가리킨다. '곳'과 마찬가지로 공간의 한 지점이다. '곶'은 튀어나온 부분이라 했다. 땅도 결국에는 바다를 뚫고 튀어나온 공간이다. 땅의 속성을 '곶'에서 분명하게 찾을 수 있다.

꽃봉오리라 한다. 산봉우리라는 쓰임에서 보듯이, 봉오리란 우뚝 솟은 형태를 말한다. 따라서 꽃도 튀어나온 것이다. 실제로 줄기에서 솟아나온 것이 바로 꽃이다. 따라서 꽃은 분명하게 땅이다. 꽃은 여자다. 따라서 여자는 공간으로서의 땅이다. 모두가 같은 뿌리에서 파생된 낱말들이다.

생명의 땅

그럼 땅은 우리에게 어떤 의미를 갖는 것일까? 땅은 흙이라 했다. 성경에서 최초의 사람인 아담은 하나님에 의해서 흙으로 빚어졌다. 우리도 흙에서 나와 흙으로 돌아간다고 말한다. 동서양을 막론하고, 흙은 생명의 근원이다. 이런 땅에서 만물이 싹트고 성장한다. 땅은 생명이 꿈틀대는 물리적 공간이다. 흙으로 돌아간다고 했다. 고향으로 돌아가는 것이다. 그렇다면 땅은 생명의 영원한 고향이 된다. 이런 순환을 서시적 순환이라 해보자. 그렇다면 어머니는 미시적 순환의 한 부분이 된다. 어머니의 자궁에서 태어나 어머니 곁을 떠나지만, 어머니는 언제나 우리의 고향이기 때문이다. 이처럼 땅이 생명을 잉태하고 성장의 밑받침이 되듯이, 여자도 우리에게 생명을 부여하는 동시에 성장의 근거가 되는 존재인 것이다.

우리는 땅을 밟고 산다. 산다는 것은 생명의 연장이다. 땅을 밟는다는 것은 여자를 밟는 것이다. 다시 말해서 여자는 밟을 근거인 셈이다. 그러나 이때의 밟음이 학대는 아니다. 땅이 기꺼이 그런 역할을 감당하듯이, 여자도 생명의 연장을 위한 근거로서의 역할을 감당하는 것이다. 바로 내조內助다. 우리는 실제로 이런 현상을 직접 경험하고 살았다. 우리는 세계가 깜짝 놀랄 만큼 짧은 시간 만에 경제 성장을 이뤘다고 자랑삼아 말한다. 그리고 전세계에서 그런 성장을 인정해주기도 한다. 그런 경제 발전을 위해서 우리 국민은 많은 희생을 감내해야 했다. 그리고 그런 희생을 대의라는 명목으로, 보다 나은 미래를 위해서 기꺼이 받아들였다. 그리고 국민소득 1만 달러 시대라는 장밋빛을 보았다. 똑같은 논리가 가정에도 적용된다. 그래야 할 필요성을 바로 땅이란 낱말이 말하고 있다.

땅은 여자다. 그러나 순종이 아니다. 땅은 생명이다. 보다 나은 미래를 위한 투자다. 투자 없이는 어떤 결과도 얻지 못한다. 쓰라린 희생 없이는 열매를 얻을 수 없다. 땅은 그런 진리를 말해주고 있다. 인간이 다른 동물과 구별되는 점은 미래를 위해서 현재의 고통을 기꺼이 견뎌내는 능력에 있다. 그런 인간의 능력이 땅이란 낱말에 숨어 있다.

11. 가을 여자

낙엽은 가을이 왔음을 알려준다. 떨어지는 잎새를 바라보며 상념
에 젖어보는 여유가 아쉬운 시대에 살고 있는 까닭인지, 우리는 가
을을 그저 감상적인 계절로 인식하기 십상이다. 사실 도시 생활에
익숙해진 덕분에, 우리는 가을의 풍성함과 가을의 고마움을 잊곤
한다. 가을을 맞아 도시를 벗어나면, 벼를 베고 지나가는 콤바인의
모습을 볼 수 있다. 가을에만 느낄 수 있는 정취다.

거둬들임

가을은 추수의 계절이다. 거둬들이는 계절이다. 결실의 계절이
다. 사실 가을이란 낱말은 '끊다' 는 뜻을 지닌 '긋다' 에서 유래한
것으로 알려져 있다. 따라서 가을은 벼를 거둬들이는 모습에서, 나

무에 달린 열매를 떼어내는 모습에서 만들어진 낱말이다. 이처럼 거둬들인 벼와 열매는 차곡차곡 창고에 쌓인다. 이렇게 쌓인 것을 우리는 '가리' 라 한다. 낟가리 혹은 노적가리란 낱말을 생각해보면 금방 이해가 될 것이다.

그런데 가을을 '갈' 이라고도 한다. '갈 봄 여름 없이…' 라는 시구에서 '갈' 은 '가을' 을 의미한다. '가리 ← 갈+이' 라 분석한다면, 가을은 단순히 거두는 행위에서 그치는 것이 아니라 일정한 곳에 쌓아두는 것까지 의미한다. 창고에 쌓아두는 이유는 간단하다. 겨울을 지내고, 다음해 추수 때까지 먹을 양식이기 때문이다. 그리고 그 창고의 열쇠는 주인에게 전해진다. 주인이란 무엇인가? 소유자면서 그에 따른 책임을 지는 사람이다. 그 주인은 안방마님이다. 안방마님은 아내라는 것을 우리는 '마누라' 라는 낱말에서 찾아보았다. 이제부터 곡식의 관리는 아내와 어머니인 여자의 몫이다. 규모 있게 살림하여, 다음해 추수 때까지 부족함이 없도록 해야 한다. 절제된 소비와 체계적인 관리가 필요하다. 따라서 현명한 여자여야 한다. 결코 감정에 좌우되는 여자가 아니다.

가을의 '굿' 은 '가장자리〔邊〕'를 뜻하기도 한다. 가장자리이기 때문에 중심이 아니라 들러리 정도로 해석하는 것은 과거의 시각일 뿐이다. 여자의 모습을 더이상 남자의 부속품에 불과하는 것이 아니라는 관점에서 가을은 '울타리' 를 의미한다. 가장자리는 테두리다. 테두리는 경계고, 경계를 보여주는 증거가 바로 울타리이기 때문이다. 여자는 가정의 울타리라고 했다. 이런 점에서 여자는 진정으로 가을 여자가 된다.

삶의 조화

가을이 여자의 계절이라는 증거는 또 있다. 사계절을 음양으로 나누면 봄과 여름은 남자를 상징하는 양이고, 가을과 겨울은 여자를 상징하는 음이다. 이를 농사의 과정과 비교해보면 재미있다. 봄은 농사를 시작하는 계절이고, 여름은 곡식이 열매를 맺는 계절이다. 농사를 시작하고 열매 맺은 곡식을 풍성한 수확기까지 관리하는 책임은 남자의 몫이다. 반면에 곡식을 곳간에 들이고, 관리하는 가을과 겨울은 여자의 계절이다. 이처럼 계절을 음양으로 구분하는 방법에서도 가을은 여자다. 멋진 역할의 분담이다. 삶의 조화이기도 하다.

오늘날의 가정을 보자. 대부분의 가정에서 남편의 월급은 아내에게 주어진다. 온라인 송금이란 제도가 생기면서, 남편들은 월급봉투조차 만져보지 못한다고 불만이다. 한 달간 일한 대가가 그대로 아내가 쥐고 있는 통장으로 송금된다. 월급 액수의 과다를 불문하고, 그 돈을 어떻게 관리하느냐는 아내의 몫이다. 살림을 늘려가기 위해서는 벌어다 주는 남자의 몫도 있지만, 그 돈을 얼마나 알뜰하게 사용하느냐는 여자의 역할도 무시할 수 없다. 따라서 우리는 소극적이고 감상적이며, 의존적인 여자의 모습을 원하지 않는다. 적극적이고 이성적이며, 냉철한 판단력을 지닌 아내를 원한다. 그리고 우리의 가정을 책임지고 있는 거의 모든 아내가 그런 여자들이라는 믿음이 있다. 그런 믿음은 우리가 일상에서 사용하는 여자를 칭하는 낱말에 숨겨져 있다. 어떤 남편도 아내를 의심하지 않고, 어떤 자식도 어머니를 무시하지 않는다. 그만큼 그들이 신뢰하기 때

문이다. 아내라고 해서 집안에 무작정 틀어박혀 있는 여자가 아니
며, 어머니라고 해서 자식을 낳은 데서 그 역할이 그치는 것이 아니
다. 남편의 기운을 북돋워주는 양처이며, 자식을 장래의 동량으로
키우는 현모인 것이다. 적어도 가정을 지키는 여자는 그렇다. 우리
의 낱말이 그렇다고 말하고 있다. 만약 현재의 여자가 이런 과거의
여자를 잊었다면, 다시 살려내야 한다. 그리고 가을이란 개념을 생
각하며 자신감을 갖도록 해주어야 한다. 가을이 왜 가을인지 그 이
유를 알게 될 때, 가정을 지키는 어떤 여자도 무기력에 빠져들지 않
을 것이다. 그들이 자신있게 가을 여자라고 말할 수 있는 그런 분위
기가 만들어져야 한다.

12. 하얀 겨울과 계집

겨울을 떠올리게 하는 것 두 가지만 말하라면 당신은 무엇을 들
겠는가? 대부분의 사람들이 하얀 눈과 북쪽에서 불어오는 차가운
바람을 말할 것이다. 하얀 눈으로 눈사람을 만드는 즐거움을 누리
기도 하지만, 북쪽에서 불어오는 찬바람은 얼굴을 가슴속으로 웅크
리게 만든다. 그런 겨울이면 집에서 나오지 말라고 훈계라도 하듯
이, 우리의 옛 어른들은 겨울이란 이름을 '계시다 ← 겨시다'를 근
거로 만들었다.

이제 겨울이란 계절이 여자라는 증거를 찾아볼 차례다. 우선 앞
에서 말했듯이, 계절로서의 겨울은 음양적 구분에서 가을과 더불어
음에 속한다. 이 정도로 만족하지 못할 수도 있다. 이제 다른 증거
를 찾아나서자.

깨끗함

겨울을 대변하는 하나가 눈이라고 했다. 눈은 흰색이다. 앞에서 흰색은 여자를 상징하는 깨끗함이라 했다. 게다가 눈은 근본적으로 물이다. 물리적으로는 물이 아니더라도, 화학적으로는 물이다. 물도 여자라 했다. 따라서 흰 눈은 여자를 상징적으로 보여주는 것이다. 따라서 흰 눈으로 대표되는 겨울은 여자임에 틀림없다.

다른 하나는 바람이다. 그것도 다른 곳에서 불어오는 바람이 아니라, 북서쪽에서 불어오는 차가운 바람이다. 여기에서는 방향이 중요하다. 북쪽과 서쪽이다. 방위를 음양으로 구분할 때, 북과 서는 음에 속한다. 따라서 겨울에 불어오는 북서풍은 여자를 생각나게 하기에 충분하다. 이처럼 겨울을 특징 짓는 두 가지, 흰 눈과 북서쪽에서 불어오는 차가운 바람이 모두 여자와 관련된다. 우연이라 하기엔 너무도 상호적으로 일치한다. 따라서 겨울은 여자를 상징적으로 표현해주는 계절이다.

덮어주고 감춰줌

하얀 눈과 북서풍은 여자를 상징해주는 것으로 그치지 않는다. 여자의 속성이 어떤지도 말해준다. 먼저 눈부터 말해보자. 눈은 어떠한가? 모든 것을 덮어준다. 더럽고 감추고 싶은 것을 덮어준다. 모든 것을 하얗고 깨끗하게 만든다. 다시 말해서 상대의 모든 잘못을 덮어주고 용서하며, 새롭게 출발할 근거를 마련해준다. 어머니는 자식이 어떤 잘못을 했더라도 용서해준다. 눈과도 같은 모습이다. 자식은 이런 어머니에게 기대며, 새롭게 출발한다. 눈은 어머니의 모습이다. 어떤 경우에도 비빌 언덕이 되어주는 어머니, 모든 허물을 덮어주고 다시 출발하게 용기를 북돋워주는 어머니다. 이것이 바로 어머니의 역할이며, 세상의 모든 여자들에게 바라는 역할이다. 여자는 단순히 밥하고 청소하는 여자가 아니다. 새로운 출발의 가능성을 열어주는 여자라고 눈은 말한다.

차가운 북서풍이 불어온다. 몸을 움츠린다. 빨리 일을 끝내고 집으로 돌아가서, 따뜻한 아랫목에 몸을 녹이고 싶다. 온기를 풍기는 화롯불 속에서는 밤이 익는다. 치가운 바람에 맞서고 있지만 군침이 돈다. 게다가 그곳에서는 아내와 어머니가 기다린다. 그래서 여자는 '계집'이라 했다. 계집이란 '집에 있는 사람'이란 뜻이다. '계시다 + 집'이 합해진 낱말이다. 그러나 무작정 생각 없이 집에 앉아 있는 것은 아니다. 차가운 바람과 싸우며 돌아다니는 자식과 남편이 집으로 돌아오면, 어떻게 몸을 녹여주고 편안함을 느끼게 해줄지 생각하며 집에 있는 여자다. 그런 여자이기를 바랐기 때문에 '계집'이 되었다.

자아실현이란 무엇인가? 자기의 위치를 알고, 그 역할에 충실한 것이라 해석하고 싶다. 그러나 꿈이 없으면 죽은 것이나 다름없다고 비난하는 여성들이 있다. 그러나 실현 가능성이 없는 꿈은 번민과 우울을 초래할 뿐이다. 그래, 여자도 꿈을 꾸어야 한다. 야망을 가져야 한다. 그러나 그 꿈과 야망은 자기의 위치를 뛰어넘지 않는 상식의 수준에서, 가정이란 아름다운 조화를 깨뜨리지 않는 범위의 것이어야 한다.

맺음말

　자연은 하늘과 땅이다. 하늘에는 해와 구름이 있고, 땅에는 흙과 꽃이 있다. 그리고 하늘과 땅을 이어주는 비와 눈이 있다. 이런 모든 것들이 여자를 향하고 있다. 자연은 생명이다. 생명의 유지와 떼어놓을 수 없는 여자다. 목마름을 적셔주는 물과 같은 여자, 따뜻함과 빛을 내려주는 햇살과도 같은 여자다.

　자연의 가르침에서 우리는 실과 바늘의 관계를 배운다. 실과 바늘은 개별적으로는 아무런 역할을 하지 못한다. 둘이 하나가 될 때, 실과 바늘의 존재 이유가 분명해진다. 남자와 여자도 마찬가지다. 수레의 논리가 여기에서도 적용된다. 앞에서 끌고 가는 힘이 뒤에서 밀어주는 힘을 무시해버린다면, 뒤의 사람은 결국 낙오되고 만다. 아무런 역할을 할 수 없다. 그래서 결국엔 혼자서 무거운 수레를 끌어야 할 뿐이다. 뒤에서 미는 힘이 앞에서 끄는 힘을 넘어서면 수레는 방향을 잃고 만다. 그러다 보면 수레는 아무런 방향 없이 밀려갈 것이다. 이처럼 남자와 여자가 만들어가려는 가정에는 조화로운 힘의 분배가 필요하다. 그것을 실과 바늘의 관계에서 배운다.

자연에서 여자의 역할을 발견한다. 깨끗이 씻어주고, 허물을 덮어주는 오목한 포용력과 아량이다. 여기에서도 현명함이 필요하다. 미국의 여성운동가들이 살림살이를 '하우징 엔지니어링'이라 이름하려는 것도 바로 이런 맥락이다. 그러나 우리의 옛 어른들은 이미 그것을 알고 있었다. 여자에게 맡겨진 살림이란 우리가 자연을 대하는 것과 같은 원리라는 사실을 근거로 하여, 관련된 모든 것들에 대한 이름을 붙여주었다.

女子

조화로움을 찾아서

여자의 위치에 대한 이 책을 쓰게 된 근본적인 동기는 아주 간단하다. 세간에서 주장하는 남녀평등이란 개념에 대해 긍정적인 생각을 가지지 않았기 때문이다. 우리가 살고 있는 이 세상은 너무도 아름답다. 그 아름다움은 어디에서 오는 것일까? 이 세상을 꾸며주며 존재하는 모든 것들이 서로 다르다는 점에 있는 것 같다. 그리고 다른 가운데서 서로 절묘한 조화를 이룬다. 결국 차이와 조화가 보기에 아름다운 모습을 만들어내는 것이다. 작은 변화가 새로움을 준다고 한다. 어제와는 다른 위치에 놓인 꽃병이 집안의 분위기를 새롭게 해줄 수 있다. 작은 차이가 새로운 조화를 이루면서 새로운 결과를 창출하는 것이다. 이 세상은 서로 다르기 때문에 아름답다.

인간관계에서도 마찬가지다. 과연 모두가 평등한가? 헌법에 기회의 균등이 보장되어 있지만, 모든 사람들에게 기회가 균등하게, 다시 말해서 평등하게 보장되고 있는가? 그렇지 않다는 것을 모두가 알고 있다. 기회는 내가 만드는 것이 아니라 커다란 사회적인 축에 의해 결정된다. 예를 들어, 나는 내 부모와 평등한가? 나는 그들과 모든 면에서 동등한 기회를 가지는가? 절대 그렇지 않다. 나는 내가 속한 집단에 주어진 기회를 보장받을 뿐이다. 그것은 동등한가? 그렇지 않다. 그 집단에서도 계급이 만들어지고, 우선순위가 정해진다. 이것이 사회가 굴러가는 원리다. 바로 차이 때문이다.

남자와 여자의 관계도 마찬가지다. 그들은 처음부터 평등할 수가 없었다. 생물학적인 면의 차이가 필연적으로 사회적 역할의 차이를 가져왔다는 것은 원시 인류를 생각해보면 금방 알 수 있다. 왜 먼 옛날부터 남자는 사냥을 하고, 여자는 집에서 자식을 키웠겠는가? 남자와 여자의 차이가 가져온 역할의 분담이었다. 그리고 서로간의 합의에 바탕을 둔 역할 분담이었을 것이다. 서로의 적절한 역할 분담으로 지금과 같이 풍요로운 사회가 만들어졌다. 차이에 의한 역할 분담, 그 역할 분담에 따른 아름다움이 지금 우리 눈앞에 펼쳐지고 있는 것이다. 이 책에서 이야기하고자 했던 점이 바로 이것이고, 그 증거를 낱말에서 찾고자 했다. 우리가 일상에서 사용하고 있는 낱말에서 역할의 분담을 찾고자 했던 것이다. 왜냐하면 낱말은 일순간의 사회에 반영된 이데올로기를 넘어, 유구한 역사에 담긴 우리 의식의 유일한 흔적이기 때문이다.

그럼 이렇게 반론을 제기하는 사람들도 있을 것이다. 현재와 같이 다원화된 사회에서 여자의 일과 남자의 일을 어떻게 구분할 수 있으며, 과거의 역할 분담적 구분이 무슨 소용이 있겠는가. 그러나 다시 한번 생각해보자. 요즘에는 정보통신업이 각광받고 있다. 그 업종에는 세심함이 요구되어 여성이 진출하기에 적절한 직업이라고 말한다. 여성계에서는 그런 주장을 아주 기분 좋게 받아들이고 있다. 그러나 뒤집어보면, 이런 주장이나 논리에서도 남자의 일과 여자의 일을 구분하고 있기는 마찬가지다. 다만 여자의 일을 가정이 아닌 사회적 활동에서 찾고 있을 뿐이다. 이렇게 여자에게 적합한 일이라 인정하고, 그런 일을 찾으려는 시도 자체가 여자의 역할과 남자의 역할이 따로 있다는 우리의 의식을 간접적으로 증명해주는 것이다.

이처럼 우리가 거의 무의식적으로 인정하는 여자의 기본적인 역할이 바로 가정에 있다고 말하는 것이 이 책의 목적이다. 물론 세상살이에는 언제나 예외가 있는 법이다. 작은 가지 하나를 두고 왈가왈부할 필요는 없다. 필자는 여자의 근본에 대한 숙제를 바로 우리의 낱말에서 찾아보려 했다. 큰 줄기에서 남자의 역할이 따로 있고, 여자의 역할이 따로 있다고 말하고 싶었다. 그것을 잊고, 오로지 사회에 진출한 여자만이 올바른 여자인 것처럼 비쳐지는 현재의 세태에서 묵묵히 가정을 지키는 여자들도 그들에게 주어진 역할을 올바로 하고 있음을 말하고 싶었다. 현재 언론에서 기사화되고 있듯이 사회 활동과 가정 생활마저도 충실하게 해내는 멋진 여자들, 소위 슈퍼우먼들에 대한 열등감을 우리의 어머니에게서 씻어주고 싶었다. 사실 슈퍼우먼은 없다. 거짓말이다. 어찌 가정의 운영도 멋지게 해내고, 사회적 활동에서도 만족할 성과를 얻을 수 있겠는가? 둘 중 하나는 희생되어야 한다. 어느 것을 희생시키느냐는 각자가 판단할 일이지만, 우리 낱말에서 여자의 역할이 무엇이라고 말했는지 기억하기를 바랄 뿐이다. 덧붙여 말하고 싶은 것은 어린아이에게 어머니의 존재와 어머니의 사랑을 향한 갈증은 음식을 향한 욕구와도 같은 것이며, 어머니의 부재는 필연으로 아이에게 상실감과 분노를 불러일으킨다는 사실이다. 어머니의 존재와 어머니의 사랑은 누구도 대신할 수 없다. 친할머니나 외할머니가 대신할 수 없는 것이며, 파출부는 더구나 대신할 수 없는 것임을 우리는 앞에서 낱말을 통해 증명해보지 않았던가!

이처럼 슈퍼우먼이 언론에 언급된다는 사실은 사회 활동을 하는 많은 여자들이 일과 가정을 조화시키려 애쓰고 있다는 증거기도 하다. 미국이나 유럽에서는 여자들의 사회적 진출이 활발하여 적어도 여자가 아무런 차별도 받지 않고 사회 진출을 이룰 수 있는 이상향으로 생각하기 쉽다. 그러나 실제로는 그렇지 않다. 독일의 경우 대학 교수의 절반 이상이 여자지만, 고위 공직자의 자리에서 여자의 몫은 여전히 5%를 넘지 못하고 있는 실정이다. 그런 이유는 일과 가정을 조화시키려는 여자의 밑바닥 의식에서 찾을 수 있다. 오직 조화 대신에, 일을 더욱 소중하게 여긴 여자만이 그런 고위직을 차지할 수 있었던 것이라 해석할 수밖에 없다. 그럼 조화를 위한 이런 노력은 생물학적 성의 차이에 따른 역할의 차이를 인정하려는 여성의 주체적인 결정인가, 사회적 강요인가 하는 문제가 제기된다.

프랑스의 포스트모더니즘 계열의 사회철학자 질 리포베스키

(Gilles Lipovetsky) 교수는 그런 노력을 '여성의 주체적 결정' 이라 했다. 다시 말해서 지난 30년간 여성해방운동의 덕분으로 많은 여자들이 여자라는 존재에 대한 의식적 깨달음을 얻었지만, 사회적 성취 등 공적인 영역에서보다는 가정 등의 사적인 영역을 중요시하려는 여자의 영원한 특질은 사라지지 않았다는 주장이다. 따라서 여자는 개인의 삶은 도외시한 사회적 성공보다는 아내, 어머니로서의 개인적 삶과 자신의 직업 세계에 화해를 도모하는 쪽을 선택하는 것이 여자의 직업 선택 기준이라는 것이다. 게다가 이런 점에서 1997년 중반, 세계적인 기업 코카콜라사의 부회장까지 승진했던 한 여자가 그 자리까지 올라가기 위해 희생시킨 가정과 자식을 위해서 모든 것을 포기했다는 짧은 신문기사는 많은 것을 생각하게 한다.

여자의 일과 남자의 일을 구분하여 조화를 찾으려는 노력은 우리의 낱말에만 있는 것이 아니다. 서구인들의 정신적 근거를 이루는 성경을 보면 남자와 여자의 역할에 대해서 분명하게 이야기하고 있다. 성경을 조금이라도 읽어본 사람은 에덴동산에서 쫓겨나는 아담과 하와에게 하나님이 어떻게 말했는지 안다. 아담에게는 땅을 가는 수고를 하게 될 것이고, 하와에게는 아기를 낳는 고통을 가질 것이라 말했다.

이상하게도 남자와 여자에 대한 이런 생각은 동서양이 공통된다. 우리말에서 한자를 떼어놓고 생각할 수 없다면, 아담으로 대표되는 남男이란 한자를 보자. 밭에서 일하는 모습을 형상화한 것으로, 노동을 의미한다. 반면에 하와로 대표되는 여女는 이 책의 첫 부분에서 말했듯이 아기를 안고 있는 모습일 수도 있고, 아기를 임신한 모습일 수도 있다. 동서양에서 남자와 여자의 모습을 똑같이 그리고 있다. 어마어마한 거리가 떨어져 있던 두 세계에서 남자와 여자를 동일하게 바라보고 있다는 사실은 우리에게 많은 것을 생각하게 해준다.

이처럼 남자와 여자는 똑같은 위치에 있는 사람들이 아니다. 둘은 다르다. 물론 그런 차이가 차별로 발전하는 것은 절대적으로 반대한다. 하지만 차별도 상대적인 개념이다. 보다 중요한 것은 서로의 차이를 인식하는 것이다. 그런 차이를 인식하는 것에서 그치기보다는 그런 차이를 조화롭게 활용하여 아름다운 가정을 만들어가는 것으로 발전시켜야 할 것이다. 오목과 볼록을 생각해보자. 오목인 요凹와 볼록인 철凸을 서로 겹칠 때, 그것도 조화롭게 겹쳐질 때 하나의 입〔口〕이 만들어지는 것이 아니겠는가! 남자와 여자가 결합되어 하나의 입을 만든다는 의미를 에로틱한 관점에서만 생각할 필요는 전혀 없다.